AF396812

LE
THALER DE MARIE-THÉRÈSE

Etude de Sociologie et d'Histoire économique

Avec une planche et une carte hors texte.

THÈSE

POUR LE DOCTORAT ÈS LETTRES DE L'UNIVERSITÉ DE DIJON

PRÉSENTÉE PAR

Marcel-Maurice FISCHEL

Adjoint au Secrétariat de la Chambre de Commerce austro-hongroise
de Paris.

Rapporteurs } MM. H. HAUSER, *professeur.*
L. EISENMANN, *chargé de cours.*

DIJON

IMPRIMERIE L. MARCHAL
5, RUE DOCTEUR-CHAUSSIER, 5

—

1912

Le Thaler de Marie=Thérèse

Etude de Sociologie
et d'Histoire économique

THALER DE MARIE-THÉRÈSE

(Grandeur naturelle)

La tranche du Thaler porte l'inscription en relief :
JUSTITIA ET CLEMENTIA.

Territoire de Circulation

DU

THALER de MARIE-THÉRÈSE

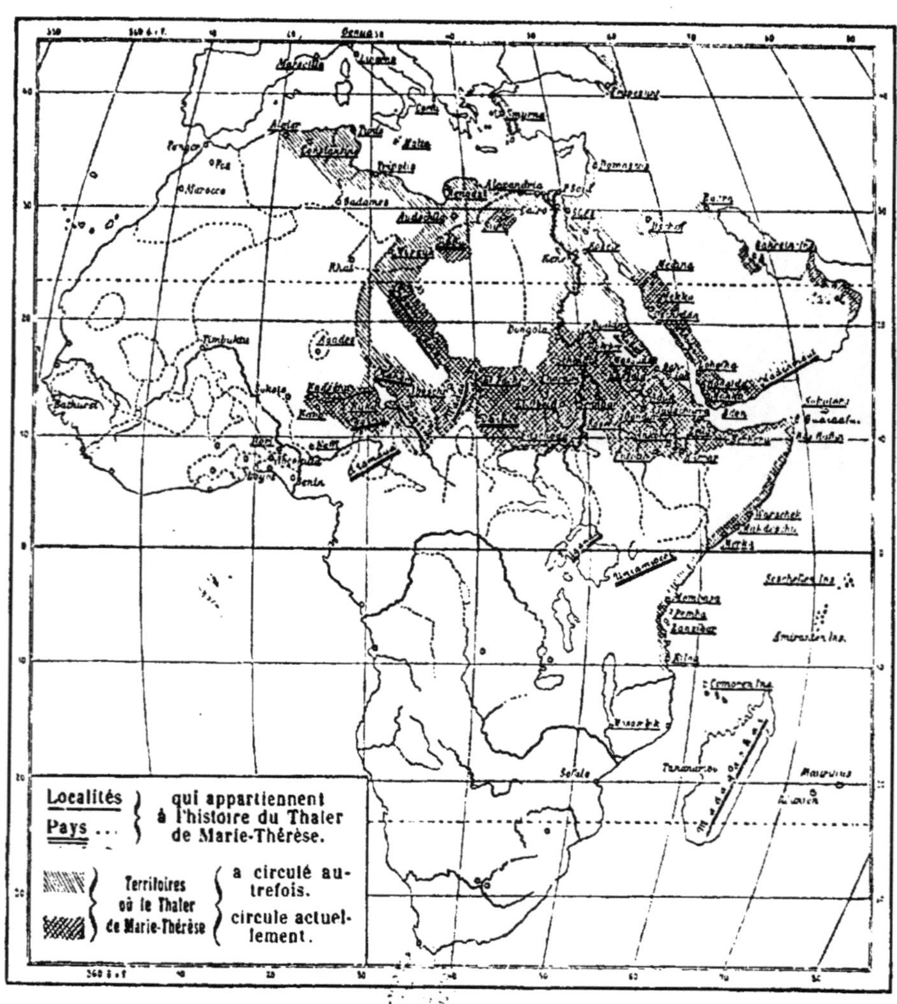

(Tirée de « *Geschichte des Maria-Theresien-Talers* »,
publié par MM. Carl Peez et le Dʳ Josef Raudnitz.
[Chez Carl Graeser, Wien, 1898.])

LE THALER DE MARIE-THÉRÈSE

Etude de Sociologie et d'Histoire économique

Avec une planche et une carte hors texte.

THÈSE

POUR LE DOCTORAT ÈS LETTRES DE L'UNIVERSITÉ DE DIJON

PRÉSENTÉE PAR

Marcel-Maurice FISCHEL

Adjoint au Secrétariat de la Chambre de Commerce austro-hongroise de Paris.

Rapporteurs { MM. H. HAUSER, *professeur.*
{ L. EISENMANN, *chargé de cours.*

DIJON

IMPRIMERIE L. MARCHAL

8, RUE DOCTEUR-CHAUSSIER, 8

1912

A MA MÈRE

A LA MÉMOIRE DE MON PÈRE

BIBLIOGRAPHIE

Abréviations employées dans les citations.

Andree.................... R. ANDREE, *Ethnographische Parallelen und Vergleiche*. I. Stuttgart 1878.

Année Sociol........... *L'Année Sociologique*. Paris 1896 et sqq.

Arch. Mar............. *Archives Marocaines*. Paris 1904 et sqq.

Babelon................. Ernest BABELON, *Traité des monnaies grecques et romaines*, t. I, Paris 1901; t. II, Paris 1910.

Henry Babled.......... Henri BABLED, *Mouvement de la Législation coloniale (1896-1906)*. Marseille 1907.

Bamberger............. Louis BAMBERGER, *Le métal-argent à la fin du XIXe siècle*, tr. fr. Paris 1894.

Barth.................. H. BARTH, *Reisen und Entdeckungen in Nord-u. Zentralafrika*. Gotha 1857 et suiv.

Becher................. Ernst BECHER, Art. « *Maritime Entwickelung und Schiffart* » in « *Œst.-Ung. Monarchie in Wort und Bild* », t. *Dalmatien*. Wien.

Beer................... Adolf BEER, *Die österr. Handelspolitik unter Maria-Theresia u. Joseph II.* (*Archiv für öst. Geschichte*, t. 86.) Wien 1893.

Bidermann............. Dr H. Ignaz BIDERMANN, *Die Wiener Stadtbank* (*Archiv für Kunde öst. Geschichtsquellen*, t. XX/2). Wien.

Bidermann, *Merk*....... Dr H. Ignaz BIDERMANN, *Ueber den Merkantilismus*, Innsbruck 1870.

Bisinger................ J.-C. BISINGER, *General-Statistik des österr. Kaisertums*. Wien-Triest 1807.

Bonnassieux............ Pierre BONNASSIEUX, *Les grandes Compagnies de commerce*. Paris 1892.

Brockelmann............ Carl BROCKELMANN, *Grundriss der vergleichenden Grammatik der semitischen Sprachen*. I. Berlin 1908.

Bücher................. Dr Karl BÜCHER, *Entstehung der Volksw.*, tr. fr. sous le titre « *Etudes d'Histoire et d'Economie pol.* ». Bruxelles-Paris 1901

Carton de Wiart........ Edmond CARTON DE WIART, *Les grandes Compagnies coloniales anglaises du XIXe siècle*. Paris 1899.

Chevalier.............. Aι gus e Chevalier, *La Mission Chari-Lac ˉchα l, (1902-1904); L'Afrique Centrale aι ˉise.* Paris 1907.

Cocheris .... Jules Cocheris, *Situation internationale de l'Egypte et du Soudan.* Paris 1903.

Consularberichte .... *Berichte der k. u. k. Consularämter.* 1900 et suiv. Wien 1902 et suiv.

Corresp. de Mercy-Arg. *Correspondance secrète du Comte de Mercy-Argenteau avec l'Empereur Joseph II et le Prince de Kaunitz,* publiée par MM. Arneth et Flammermont. I. Paris 1889.

Costes................ H. Costes, *Les institutions monétaires de la France avant et depuis 1789.* Paris 1885.

Damaschke............ Adolf Damaschke, *Geschichte der Nationalökonomie,* 2ᵉ éd. Iéna 1905.

Déhérain.............. Henri Déhérain, *Etudes sur l'Afrique (Soudan oriental, Ethiopie...).* Paris 1904.

Del Mar.............. Alexandre Del Mar, *Histoire monétaire des principaux Etats du monde,* tr. f. Paris 1899.

Deutsch .... Henry Deutsch, *Arbitrages en métaux précieux, monnaies...,* tr. fr. Paris 1905.

Diction. du Commerce.. *Dictionnaire du Commerce, de l'Industrie et de la Banque,* publié par MM. Yves Guyot et A. Raffalovich. Paris s. d.

Dionnet.. .... Georges Dionnet, *Le Néomercantilisme au XVIIIᵉ siècle et au début du XIXᵉ siècle.* (Thèse.) Paris 1901.

Dubois .... A. Dubois, *Précis de l'Histoire des Doctrines économiques.* I. Paris 1903.

Encyclop. Technolog.... *Dictionnaire des Arts et Manufactures,* par Charles Laboulaye, 7ᵉ éd. III. Paris 1891.

Engel et Serrure........ Arthur Engel et Raymond Serrure, *Traité de Numismatique du moyen âge.* Paris 1891.

Ernst................ Carl v. Ernst, *Der Levantinerthaler (Numismatische Zeitschr.* IV.) Wien 1875.

Fischel............... Dr Alfred Fischel, *Christian Julius v. Schierendorff, ein Vorläufer des liberalen Zentralismus.* Dans les « Studien zur österr. Reichsgeschichte ». Wien 1906.

Foville............... A. de Foville, *La monnaie,* 2ᵉ éd. Paris 1907.

Foville. Moy. de Trans. A. de Foville, *Les Transformations des moyens de transport.* Paris 1880.

Fuchs............... Dr Carl-Johannes Fuchs, *Volkswirtschaftslehre,* 2ᵉ éd. Leipzig 1905.

Gide .... Charles Gide, *Principes d'Economie politique,* 10ᵉ éd. Paris 1906.

Goldziher.............. Ignatz Goldziher, *Muhammedanische Studien.* Halle a. S. I. 1889; II. 1890.

Grunzel................ D' Joseph GRUNZEL, *Bericht über die wirtsch. Verhältnisse des osmanischen Reiches.* Wien 1903.

Hamet................ Ismaël HAMET, *La Civilisation arabe en Afrique centrale.* Dans la *Revue du Monde musulman,* avril 1911.

Haupt................ Ottomar HAUPT, *Arbitrages et Parités,* 7ᵉ éd. Paris-Londres 1887.

Hauser................ Henri HAUSER, *Les origines du capitalisme moderne en France,* in *Revue d'Economie politique.* Paris 1902.

Held................. Adolf HELD, *Careys Socialwissenschaft u. das Merkantilsystem.* (Thèse.) Würzburg 1866.

Helfferich............ D' Karl HELFFERICH, *Das Geld.* Leipzig 1903.

Heyd............... W. HEYD, *Histoire du Commerce du Levant au moyen âge.* Leipzig-Paris 1886.

Hubert et Mauss....... Henri HUBERT et Marcel MAUSS, *Essai sur la nature et les fonctions du sacrifice (Année Sociol.* II.). Paris 1899.

Humbert .... Louis HUMBERT, *Guide monétaire pour... les Colonies françaises.* Paris-Nancy 1901.

Huisman.............. Michel HUISMAN, *La Belgique commerciale sous l'Empereur Charles VI : La Compagnie d'Ostende.* Bruxelles-Paris 1902.

Huvelin .... P. HUVELIN, *Magie et droit individuel (Année Sociol.* X.) Paris 1907.

H. W. B. der Münzkunde (Handwörterbuch), par P. HALKE. Berlin 1909.

H. W. B............... *Handwörterbuch der Staatswissenschaften,* 2ᵉ éd. Iéna 1901.

Ilwof. .... Franz ILWOF, *Tauschhandel und Geldsurrogate.* Graz 1882.

Kaltenbaeck.......... J.-P. KALTENBAECK, *Zur Finanzgeschichte Œsterreichs* Dans « *Austria, Œsterr. Universalkalender für 1851* ».

Karmarsch.......... Karl KARMARSCH, *Histor. u. kritische Bemerkungen über das Münzwesen (Dinglers polytechnisches Journal,* t. 223, fasc. 1 à 3). Augsburg 1877.

Laveleye.............. Emile DE LAVELEYE, *De la Propriété et de ses formes primitives.* Paris 1874.

Lenormant .... Fr. LENORMANT, *La monnaie dans l'antiquité.* Paris : I et II 1878, III 1879.

Lenz............... D' Oskar LENZ, *Timbuktu. Reise durch Marokko, Sahara u. Sudan.* II. Leipzig 1884.

Leroy-Beaulieu .... Paul LEROY-BEAULIEU, *Traité théorique et pratique d'Economie politique,* 2ᵉ éd. Paris 1896.

Leroy-Beaulieu, *Transsaharien* Paul LEROY-BEAULIEU, *Le Soudan et les chemins de fer transsahariens.* Paris 1904.

Lévy-Brühl............. LÉVY-BRÜHL, *Les Fonctions mentales dans les sociétés inférieures.* Paris 1910.

Lexikon................ *Lexikon des Kaisertums Œsterreich,* t. LX. Wien 1891. Art. « *Carl v. Zinzendorf* ».

Luschin .... D' Arnold LUSCHIN v. EBENGREUTH, *Münzkunde u. Geldgeschichte des Mittelalters und der Neueren Zeit.* München-Berlin 1904.

Luschin. II............ D' Arnold LUSCHIN v. EBENGREUTH, *Œsterreichische Reichsgeschichte.* II. Bamberg 1896.

Mahan .... A.-T. MAHAN, *Influence de la puissance maritime dans l'Histoire (1660-1783),* tr. fr. Paris s. d.

Mailath........... .... Joh. v. MAILATH, *Geschichte des österr. Kaiserstaates.* IV. Hamburg 1848.

Masson, *Barbaresques*.. Paul MASSON, *Histoire des Etablissements et du Commerce français dans l'Afrique barbaresque.* Paris 1903.

Masson, *XVIIe siècle*.... Paul MASSON, *Histoire du Commerce français dans le Levant au XVIIe siècle.* Paris 1897.

Masson, *XVIIIe siècle* .. Paul MASSON, *Histoire du Commerce français dans le Levant au XVIIIe siècle.* Paris 1911.

Maunier................ René MAUNIER, *Tableau de la vie économique et juridique chez les Somalis, les Danakils et les Abyssins (Revue Intern. de Sociol.).* Paris 1908.

Mayer...... ... . D' Franz-Martin MAYER, *Die Anfänge des Handels u. der Industrie in Œsterreich.* Innsbruck 1882.

Mensi................. v. MENSI, *Finanzgeschichte, Œst. Staatswörterbuch,* 2e éd. II. Wien 1906.

Mercy-Argenteau....... Voyez : *Correspondance...*

Mignot................ Abbé MIGNOT, *Dissertations dans les Mémoires de l'Académie des Inscriptions et Belles-Lettres,* t. XL. Paris 1780.

Mission Chari-Lac Tchad. Voyez : CHEVALIER.

Mitteilungen .... *Mitteilungen des k. k. Finanzministeriums.* III, Wien 1897.

Mommsen, *Hist. rom*.... Theodor MOMMSEN, *Histoire Romaine,* tr. fr. XI. Paris 1889.

Mommsen, *Mon. rom*... Theodor MOMMSEN, *Histoire de la monnaie romaine,* tr. fr. III. Paris 1873.

Musil................. D' Aloïs MUSIL, *Arabia Petraea.* III. *Ethnologischer Reisebericht,* Wien 1908. (Kais. Akad. d. Wissensch.)

Noël .... Octave NOËL, *Histoire du Commerce du Monde.* Paris : I. 1891, II. 1894, III. 1906.

Num. Zeitschr.......... *Numismatische Zeitschrift.* Wien 1871 et sqq.

Oberleitner............ Karl OBERLEITNER, *Die Finanzlage in den deutschen öst. Erbländern im Jahre 1761* (*Arch. für öst. Gesch.* XXXIV/1). Wien 1865.

Ohrwalder............ J. OHRWALDER, *Aufstand u. Reich des Mahdi im Sudan*. Innsbruck 1892.

Oncken............... D' August ONCKEN, *Geschichte der Nationalökonomie*. 1'° partie. Leipzig 1902.

Palgrave .... William-Gifford PALGRAVE, *Une année de voyages dans l'Arabie centrale*, tr. fr. Paris 1866.

Paulitschke............ Ph. PAULITSCHKE, *Die Sudânländer*. Freiburg i. B. 1885.

Peez et Raudnitz....... Carl PEEZ und D' Josef RAUDNITZ, *Geschichte des M.-Theresien-Thalers*. Wien 1898.

Pensa................ Henri PENSA, *L'Egypte et le Soudan égyptien*. Paris 1895.

D' Perron............. D' PERRON, *L'Islamisme, son institution, son influence et son avenir*. Paris 1877.

Peschel .... O. PESCHEL, *Völkerkunde*. Leipzig 1874.

Puymaigre .... Th. DE PUYMAIGRE, *Les Vieux Auteurs Castillans*. Metz-Paris I. 1861, II. 1862.

Racinet.............. A. RACINET, *Le Costume historique*. 6 vol. Paris 1882.

Rapport au Min. d. Fin. *Rapport au Ministre des Finances* (publié par l'Administration des monnaies et médailles). Paris 1896 et suiv.

Ratzel .... Fr. RATZEL, *Völkerkunde*, 2' éd. II. Leipzig-Wien 1895.

Ratzel, *Kl. Schr*....... Fr. RATZEL, *Kleine Schriften*. II. München-Berlin 1906.

Reclus .... Elisée RECLUS, *Nouvelle Géographie Universelle*. Paris 1885.

Rev. Mus............. *Revue du Monde musulman*. Paris 1906 et sqq.

Rohlfs............. Gerhard ROHLFS, *Geld in Afrika* (*Petermanns Mitteilungen*). Gotha 1889.

Roscher, éd. all........ Wilhelm ROSCHER, *Ansichten der Volkswirtschaft*, 3' éd. II. Leipzig-Heidelberg 1878.

Roscher.............. Wilhelm ROSCHER, *Recherches sur divers sujets d'Economie politique*. Paris 1872.

Rousseau .... Louis ROUSSEAU, *Les relations diplomatiques de la France et de la Turquie au XVIII' siècle*. I. Paris 1908.

Schaeffle .. .. D' A. SCHAEFFLE, *Bau und Leben des Socialen Körpers*, 2' éd. I et II. Tübingen 1896.

Schaube............. Adolf SCHAUBE, *Handelsgeschichte der Romanischen Völker des Mittelmeergebietes*. München-Berlin 1906.

Schmoller.............. Gustav v. SCHMOLLER, *Grundriss der allgem. Volkswirtschaftslehre*. II. 4ᵐ à 6ᵉ éd. Leipzig 1904.

Schmoller, tr. fr........ Gustav v. SCHMOLLER, *Principes d'Economie politique*. Paris 1905/1908. III.

Schmoller, *Merk*........ Gustav v. SCHMOLLER, *Das Merkantilsystem in seiner histor. Bedeutung (Jahrbuch für Gesetzg., Verw. u. Voiksw.)*. Leipzig 1884, réimprimé dans « *Umrisse und Untersuchungen* ». Leipzig 1898, chap. I.

Schmoller, *Umrisse*. III. Gustav v. SCHMOLLER, *Umrisse u. Untersuchungen*, chap. III, sur la politique financière de la Prusse mercantiliste.

Schmoller, *Umrisse*. V. Gustav v. SCHMOLLER, *Umrisse u. Untersuchungen*, chap. V, sur la bureaucratie en Allemagne.

Schneller.............. J.-F. SCHNELLER, *Œsterreichs Einfluss auf Deutschland und Europa*. Stuttgart I. 1828, II. 1829.

Schultze-Gaevernitz..... Dʳ v. SCHULTZE-GAEVERNITZ, *Eine Studie zum osteurop. Merkantilismus (in Archiv für Sociale Gesetzgeb. u. Statistik, t. VIII)*. Berlin (Bruxelles, etc.) 1895.

Schurtz... .... Dʳ Heinrich SCHURTZ, *Grundriss einer Entstehungsgesch. des Geldes*. Weimar 1898.

Schurtz, *Westasien*..... Dʳ Heinrich SCHURTZ, *Westasien in Zeichen des Islam (Helmolts Weltgeschichte. III.)* Leipzig-Wien 1901.

Schurtz, *Afrika*...... ... Dʳ Heinrich SCHURTZ, *Afrika (Helmolts Weltgeschichte. III)*. Leipzig-Wien 1901.

Schweighofer........... J.-M. SCHWEIGHOFER, *Abhandlung von dem Commerz der österr. Staaten*. Wien 1785.

Shaw.................. W.-A. SHAW, *Histoire de la monnaie, 1254-1894*, tr. fr. Paris 1896.

Simmel.. .... Georg SIMMEL, *Philosophie des Geldes*. Leipzig 1900.

Slouschz .... Nahum SLOUSCHZ, *Judéo-Hellènes et Judéo-Berbères*. Paris 1909. (Thèse.)

Slouschz, *Hébréo-Phén*.. Nahum SLOUSCHZ, *Hébraeo-Phéniciens*. Paris 1909. (Thèse.)

Sorel.................. Albert SOREL, *La Question d'Orient au XVIIIᵉ siècle*. Paris 1878.

Sorel, *Rec. des Instruct*. Albert SOREL, *Recueil des instructions données aux ambassadeurs et ministres de France. I. (Autriche)* Paris 1884.

Stüwe .... Fr. STÜWE, *Die Handelszüge der Araber unter den Abbassiden*. Berlin 1836.

Tarde .... Gabriel TARDE, *Psychologie économique*. I et II. Paris 1902.

Vambéry.............. Hermann VAMBÉRY, *Der Islam im XIX. Jahrhundert*. Leipzig 1875.

Vidal-Lablache.... ..... VIDAL-LABLACHE, *Atlas général (Histoire et Géographie)*. Paris 1909.

Maurice Vienne........ Maurice VIENNE, *Résumé historique de la monnaie espagnole*, Paris 1893.

Waitz.............. D' Th. WAITZ, *Anthropologie der Naturcölker*, 2ᵉ p. Leipzig 1860.

Wellhausen........... Julius WELLHAUSEN, *Reste arabischen Heidentums (Skizzen und Vorarbeiten. III.)* Berlin 1887.

Wiebe............... D' Georg WIEBE, *Zur Geschichte der Preisrevolution des XVI. u. XVII. Jahrh.* Leipzig 1895.

Wieser, *Wirtsch. Wert*. Fr. v. WIESER, *Ueber den Ursprung u. die Hauptgesetze des wirtschaftlichen Wertes.* Wien 1884.

Wieser, *Nat. Wert*..... Fr. v. WIESER, *Der natürliche Wert.* Wien 1889.

Winkler.............. D' Hugo WINKLER, *Arabien vor dem Islam (Helmolts Weltgesch. III.)* Leipzig-Wien 1901.

Wolf................. D' Adam WOLF, (Etude sur la Chambre Aulique), in *Sitzungsberichte der Kais. Akademie der Wissenschaften. Phil.-hist. Klasse.* XI, fasc. III. Wien 1854.

Wörterb. d. V. W....... *Wörterbuch der Volkswirtschaftslehre*, 2ᵉ éd. Iéna 1907.

Zeissberg.............. Heinrich v. ZEISSBERG, *Geschichtliche Uebersicht der öst.-ung. Monarchie (Œst.-Ung. Mon. in Wort u. Bild.)* I. Wien 1887.

PRÉFACE

De tous temps, dès l'origine de la monnaie métallique, il a existé des monnaies de commerce. « Ce sont des monnaies d'or ou d'argent qui ont su se créer des débouchés extérieurs, qui ont, pour ainsi dire, conquis droit de cité dans telle ou telle région lointaine » (A. de Foville). Elles sont en général l'indice de relations commerciales entre peuples à civilisation économique différente.

Volontiers encline à supposer chez le vendeur qui accepte une pièce d'importation, un raisonnement tout pareil à celui qui permet à l'acquéreur de la marchandise de se dessaisir de cette monnaie, l'histoire monétaire ne voit dans l'existence de la monnaie de commerce que la preuve d'une infériorité industrielle ou artistique chez les peuples qui l'adoptent. Ce point de vue est évidemment trop étroit et trop spécial, lorsqu'il s'agit d'une clientèle socialement et économiquement primitive. Ainsi ce qui pour l'Européen est monnaie, tout ce qu'il y a de plus monnaie, la pièce métallique elle-même, est pour le primitif objet de parure et, par dessus le marché, un objet de parure doué de qualités surnaturelles, mystiques.

Un exemple des plus frappants de cette double manière de voir, par laquelle l'essence même d'une monnaie se trouve transformée, nous est fourni par le thaler de Marie-Thérèse. En explorant dans cet ouvrage l'aire de circulation de ce thaler, nous essayons donc de trouver dans l'emploi qu'en font les Arabes bédouins quelques données sur la manière prééconomique de concevoir et d'utiliser la monnaie. Nous voulons connaître et comprendre cette vie particulière et étrange, dont vit en Arabie et en Afrique érythréenne le thaler autrichien. — Cette monnaie ainsi adoptée et appréciée à titre d'objet de parure, nous nous demanderons, en dernier lieu, comment et dans quelle mesure elle finira par acquérir, dans ce milieu singulier, la valeur monétaire qui correspond à sa valeur intrinsèque et métallique. Y parviendra-t-elle d'ailleurs infailliblement ?

Les vicissitudes du thaler de Marie-Thérèse éclairent probablement tout un chapitre préliminaire de l'histoire de la monnaie en général.

L'histoire des monnaies de commerce est à faire. Mais cette tâche nous semble incomber à la sociologie, à la psychologie économique, avant d'être du ressort de l'histoire monétaire proprement dite.

*
* *

Le travail que nous avons entrepris nous a été suggéré par la lecture de *Philosophie des Geldes*, de M. Simmel. La simplicité apparente de la sociologie des primitifs en ce qui concerne la vie économique, nous avait engagé à faire l'essai de cette philosophie en prenant pour exemple le thaler de Marie-Thérèse.

Dès les premiers pas cependant que nous avons faits dans la voie des recherches, nous n'avons pas tardé à nous apercevoir de la complexité et de l'étendue du sujet, et, au surplus, les sources nous ont bientôt fait défaut.

Car, d'un côté, des récits de voyages nous disaient : « Il existe un thaler de ce nom qui est et a toujours été frappé dans des conditions anormales ; cette monnaie est vendue cher, dans tel ou tel coin du monde où seule elle a cours. » D'un autre côté, après ces constatations de faits, nous avons eu le regret de nous heurter immanquablement à la question que les auteurs de ces récits se posaient avec étonnement : « Quelle peut donc être la raison de cet état de choses ? » Et nul n'y répondait. D'un autre côté encore, cette question, posée par les voyageurs-explorateurs en train de dépenser le thaler en Arabie ou en Afrique, fut reproduite et..... laissée sans réponse par les théoriciens du commerce monétaire comme par les historiens de la monnaie.

Loin donc de pouvoir, à l'aide de données préétablies, entreprendre l'étude de l'influence de la monnaie sur l'Économie primitive, nous avons été forcé d'explorer la sociologie des peuples qui adoptent le thaler de Marie-Thérèse. Cette recherche, après nous avoir ramené dans la patrie de ce thaler, après nous avoir fait traverser maints terrains géographiquement et scientifiquement arides, nous a heureusement procuré la satisfaction de trouver, chez les Arabes bédouins, aussi bien l'ensemble des conditions du succès de cette pièce monétaire, qu'une constitution économique qui nous permet d'étudier comment, chez ces primitifs, sous l'influence d'une monnaie d'importation, le *status nascendi de la notion monnaie* se dessine, avec tout ce qui s'y rattache.

Notre travail, parti d'un point de vue spécial, nous a obligé, pour être complet, à des incursions dans presque tous les domaines de la sociologie. Comme nous a dit une des personnes des plus compétentes en cette matière : « Le sujet est intéressant. Malgré le peu d'importance apparent du phénomène envisagé, il touche à l'histoire monétaire, à l'histoire économique, à l'histoire des découvertes géographiques, à l'ethnographie et, d'une façon générale, à l'histoire de la civilisation. »

*
* *

Nous avons tâché de puiser aux meilleures sources. Mais assez souvent nous n'avons pas eu l'embarras du choix, les données scientifiques faisant défaut.

Une enquête faite auprès d'érudits spécialistes et de voyageurs-explorateurs nous a fourni de précieux renseignements inédits qui nous ont permis de combler les lacunes signalées. Des autorités tant françaises qu'étrangères ont bien voulu mettre à notre disposition toutes les informations officielles dans le but de nous être utiles.

.·.

Qu'il nous soit permis d'exprimer ici, publiquement, les sentiments de notre reconnaissance la plus sincère à tous ceux qui, en nous conseillant verbalement ou par écrit, ont eu l'extrême obligeance de faciliter notre tâche difficile.

Nous nous permettons de remercier tout particulièrement :

MM. Henri HAUSER, professeur à l'Université de Dijon;

Louis EISENMANN, chargé de cours à l'Université de Dijon;

Ernest BABELON, membre de l'Institut, professeur au Collège de France, Paris;

L. CHEÏKHO, professeur à l'Université Saint-Joseph de Beyrouth (Syrie);

Marcel COHEN, professeur à l'Ecole des Langues Orientales vivantes, Paris;

Le Dr COLIN, professeur-adjoint à l'Université d'Alger;

J.-R. DERENDINGER, lieutenant dans l'armée coloniale, Versailles;

MM. Le Dr Alfred Fischel, avocat, membre de
la Diète morave, Brünn ;

Nic. Bar. Gjonovic, conseiller Impérial à
Castelnuovo di Cattaro (Dalmatie) ;

Maurice de La Fosse, administrateur en
chef des Colonies, professeur à l'Ecole
Coloniale, Paris ;

Le Dr Arnold Luschin v. Ebengreuth, professeur à l'Université de Graz ;

Le Dr Alois Musil, professeur à l'Université de Vienne ;

Le Dr Petrovits, conseiller Aulique à
Vienne.

Nous prions en même temps les autorités, les
instituts et les associations suivants de bien vouloir agréer nos remerciements :

L'Administration des Monnaies et Médailles de
Paris ;

Les Bibliothèques universitaires et publiques
de Paris, de Dijon et de Prague ;

La Chambre de Commerce et d'Industrie de
Prague ;

Le Comité de l'Afrique française à Paris ;

Le Consulat Général I. et R. d'Autriche-Hongrie
à Tunis ;

L'Institut Ethnographique de Paris ;

La Monnaie I. R. *(K. K. Hauptmünzamt)* de
Vienne ;

Le Musée I. R. du Commerce *(K. K. öst. Handelsmuseum)* à Vienne.

.·.

Nous remercions enfin MM. Carl Graeser et Cie, libraires-éditeurs à Vienne, de nous avoir permis de reproduire la carte du territoire de circulation du thaler de Marie-Thérèse.

INTRODUCTION

Lorsqu'au milieu du siècle passé d'importantes trouvailles préhistoriques ou simplement antiques vinrent compléter nos connaissances d'histoire et de sociologie, lorsque des tombeaux centenaires et millénaires déversèrent leur contenu pour fournir à la science des données et des faits, on accepta naturellement, est-il besoin de le dire, une trouvaille de pièces monétaires comme l'indice le plus sûr, un indice irréfutable même, d'une relation économique entre les pays d'origine de ces moyens d'échange et les lieux de ces découvertes. Cette manière de voir nous a valu, par exemple, de longs traités sur un commerce dès plus intenses que plusieurs pays européens auraient entretenu avec les Arabes, dont les monnaies ont été trouvées jusque sur les côtes de la mer Baltique.

Depuis la deuxième moitié du xviii° siècle jusqu'à nos jours, des voyageurs, des explorateurs nous rapportent qu'ils ont rencontré en Arabie et dans diverses parties de l'Afrique une monnaie de provenance autrichienne, le thaler à l'effigie de

Marie-Thérèse qui, dans la plupart des cas, est la seule monnaie métallique de ces pays semi-barbares. Etant donné le mode d'épargne pratiqué dans ces contrées, où très souvent, pour des raisons de sécurité, on confie ses trésors à la terre, nous devrions donc nous attendre à ce que, dans quelques siècles, tout autre donnée historique étant exclue par hypothèse, des trouvailles certainement nombreuses de thalers pourraient faire sans doute conclure à d'importants rapports économiques entre ces pays et l'Autriche de l'époque de Marie-Thérèse.

Nous ignorons malheureusement si les Khalifes ont entretenu des relations économiques avec la mer Baltique, et, dans l'affirmative, dans quelle mesure ; mais ce que nous savons, c'est que l'état économique où l'Autriche se trouvait au xviiie siècle ne nous permet guère de conclure, à l'aide de trouvailles de thalers, dans le sens indiqué tout à l'heure.

Si encore l'Autriche avait des colonies ! Mais, de toutes les grandes puissances, l'Autriche est justement la seule qui n'ait pas de colonies, quoiqu'il existe en Europe des Etats même moyens ou petits qui ont des possessions d'outre-mer. Elle n'en a jamais eu non plus dans les siècles passés. Ajoutons qu'au xviiie siècle elle n'avait même pas de relations commerciales directes avec les peuples chez lesquels circule son thaler, et qu'encore au commencement du xxe siècle elle n'en entretient qu'avec une partie d'entre eux.

Le problème ne s'arrête pas ici. Non seulement une monnaie autrichienne, pour les raisons invoquées, pourrait nous étonner par sa simple présence, mais encore on nous dit que dans la région où elle s'emploie, elle s'emploie exclusivement. Ainsi les Anglais, dans leurs entreprises sur le Haut-Nil et en Abyssinie (1865, 1889), ont pu en faire l'expérience : ils se sont vu refuser leurs propres monnaies, les plus répandues cependant du monde entier. Les Italiens aussi ont dû faire frapper à Vienne des millions de ces thalers à l'occasion de leur guerre contre l'Abyssinie, et même la guerre actuelle en Tripolitaine n'est pas sans influence sur la demande croissante et continue de ces espèces.

D'ailleurs, la faveur accordée à cette pièce n'est pas de date récente ; et n'est-ce pas un fait surprenant, unique peut-être en son genre, et qui doit retenir notre attention au plus haut point, que, par un monnayage officiellement faux, le gouvernement autrichien soit obligé de frapper aujourd'hui encore une monnaie à la date de 1780 et à l'effigie d'une souveraine morte depuis plus de 130 ans ? — Il le fait pour répondre aux désirs de la clientèle, et c'est encore en tenant compte de ces désirs que la Monnaie de Vienne tâche d'imiter même les procédés de frappe du xviiie siècle. Car l'attention de cette clientèle est attirée surtout par nombre de détails de la frappe, indifférents au point de vue économique. Les conditions d'acceptation remplies, l'engouement pour cette pièce va jusqu'à ce point qu'en Afrique centrale on peut obtenir deux pièces de cinq francs en échange d'un thaler (dont la valeur est taxée officiellement trois francs dans les colonies françaises et dont le cours est d'environ deux francs cinquante sur les marchés monétaires de l'Europe). C'est donc la majoration de sa valeur, venant du choix exclusif que l'on en fait, qui frappe notre curiosité, après que nous avons constaté avec intérêt l'absence de rapports économiques entre l'Autriche et les peuples qui s'engouent de son thaler.

L'histoire de la propagation de cette monnaie nous explique ces singularités. Car justement la nation qui, au XVIIIe siècle, avait le plus de rapports avec le Levant, la France, n'ayant pas de monnaie d'exportation, a été la grande propagatrice de la monnaie autrichienne. Et, à cette époque, tandis que la France, l'Angleterre, la Prusse prohibent le négoce des monnaies, l'Autriche, au contraire, au lieu de se contenter de compenser la balance négative de son commerce, installe officiellement tout un service pour munir de ses thalers les grands ports méditerranéens trafiquant dans le Levant. Au lieu de tâcher, comme toute l'Europe, d'améliorer cette situation de son commerce, l'Autriche surveille soigneusement la fabrication et organise l'exportation et les débouchés les plus étendus d'une monnaie ayant cours légal dans les Pays-Héréditaires. D'ailleurs, les différences essentielles entre le point de vue de l'Autriche et celui des Etats mercantilistes reparaissent dans toutes les autres manifestations de la vie économique et politique.

Or, c'est justement cette absence, en Autriche, de tendances mercantilistes qui importe en première ligne au peuple qui, dès l'apparition du thaler, devait concevoir et conserver pour lui une prédilection séculaire. En cherchant les causes de ce succès, des raisons d'ordre économique, historique et ethnographique nous font en effet concentrer notre attention surtout sur une partie du Levant, sur la partie arabe. Les Arabes, jaloux de leur liberté et voyant les conséquences politiques qui résultaient du programme mercantiliste, devaient faire bon accueil à une monnaie provenant d'un Etat qui, au dire même des étrangers, différait énormément des pays mercantilistes. Car, remarquons qu'en Orient la monnaie est considérée par excellence comme marque de souveraineté, comme expression de suprématie politique.

Si la situation économico-politique de l'Autriche influença favorablement la propagation de son thaler parmi les Arabes, cet Etat prit aussi les mesures techniques spéciales mentionnées plus haut qui étaient indispensables pour satisfaire les goûts particuliers de ces populations. C'est à ce prix seulement que celles-ci ont préféré et préfèrent encore le thaler de Marie-Thérèse à toute autre monnaie mise à leur disposition, quels que soient les avantages commerciaux que pourrait leur assurer l'acceptation d'un autre moyen d'échange. C'est à cette condition qu'elles accordent une plus-value au thaler.

L'Arabe doit donc faire de cette monnaie un emploi extra-commercial. En effet, tandis que d'une part, sur les côtes de l'Arabie et de l'Est africain et, en général, là où il y a du commerce, une concurrence acharnée finit peu à peu par remplacer le thaler autrichien par d'autres espèces, des récits de voyageurs mentionnent avec étonnement la présence de la monnaie autrichienne dans l'intérieur des pays arabes et africains à peine découverts, éloignés des grandes routes commerciales et privés de tout commerce ou peu s'en faut. Là, le thaler n'est pas une monnaie qu'on enferme dans une bourse, mais un ornement qui s'étale et se montre dans la parure des femmes. Alors tout s'explique. Pour que la femme arabe, qui jouit socialement d'une grande considération, puisse avoir ces objets d'ornement, on ne marchande pas le prix : il s'agit là d'une valeur d'amateur. Mais la parure des primitifs n'est pas sujette à des fluctuations comme la Mode dans le monde civilisé. Ayant au contraire, comme nous le verrons dans la suite, un but moins futile et devant remplir un rôle plutôt sérieux, elle est réglée par la tradition, par la loi sociale. Ainsi, directement et indirectement, la constitution sociale du Bédouin s'en occupe, parce qu'elle y est intéressée tout entière.

Or, si telle est l'importance de la parure de la femme arabe, il y a, en outre, des raisons spéciales qui rendent le thaler de Marie-Thérèse particulièrement préférable à toute autre monnaie à ce point de vue.

Voilà donc que le cercle se ferme. L'emploi du thaler comme objet de parure est la seule explication qui puisse nous faire comprendre sa vogue extraordinaire et économiquement injustifiée. Loin donc de prouver par sa présence l'existence d'un certain degré de culture matérielle, il s'enfuit au contraire devant le progrès économique, dans l'intérieur inabordable de pays désertiques ; car ses amateurs se retirent devant le contact de l'étranger et sous la menace des incursions économiques européennes. C'est pour cela qu'inversement la présence du thaler de Marie-Thérèse en Afrique nous permettra de démontrer l'existence de conditions ethnographiques, sociales, etc., pareilles à celles qui, en Arabie, ont été la cause de son succès.

C'est un groupe d'Arabes, et un seul, qui nous fournit l'ensemble des raisons de ce qui autrement nous resterait inexplicable ; c'est lui exclusivement qui nous fait comprendre pourquoi, en ce cas-ci, nous aurions tort de vouloir nous servir du raisonnement ordinaire en matière monétaire. Nous sommes en présence d'une valeur esthétique accordée à un objet qui, en Europe, n'est considéré que par sa valeur matérielle, et qui ne représente que ce qu'il y a de plus matériel. C'est là encore un exemple qui nous démontre qu'on aurait tort de supposer chez des primitifs une manière de juger pareille à la nôtre.

Voilà des primitifs qui acceptent une monnaie européenne, c'est entendu ; mais ce n'est certainement pas pour ses qualités monétaires proprement dites, puisque l'état économique et social dans lequel ils se trouvent ne demande même pas de moyens d'échange. C'est un point capital. Et du moment où cet état évoluera vers un autre plus économique, le thaler de Marie-Thérèse perdra sa raison d'être.

*
* *

L'ordre que nous avons adopté pour nos développements nous paraît exiger un mot de justification. En recherchant les causes du succès de notre thaler dans le milieu de peuple primitif que sont les Arabes bédouins, nous avons pu constater la grande place que tiennent, parmi ces causes, les caractères économique et politique de l'Autriche du xviiiᵉ siècle. Or, ce n'était pas seulement par son impuissance économique (au sens mercantiliste) que l'Autriche contribua indirectement à la faveur dont jouit sa monnaie, mais c'est, comme nous le disions tout à l'heure, par le fait même que, pour entreprendre la frappe et le négoce d'une monnaie telle que le thaler de Marie-Thérèse, il fallait que l'Etat des Habsbourg différât complètement de la plupart des autres Etats européens de cette époque. Il importe donc d'établir ce qu'il y avait de particulier dans la vie politique et économique des Pays-Héréditaires.

Nous tâchons de prouver dans la *première par-*

tie du travail, — en suivant ainsi l'ordre chronologique — que, par sa politique monétaire comme
par le reste de son activité économique, l'Autriche
du xviiⁱᵉ siècle se trouvait en effet en complète
contradiction avec les idées et les pratiques économiques qui étaient alors en vigueur dans les
Etats de la côte atlantique et dans quelques Etats
allemands, notamment en Prusse. Des raisons
d'ordre géographiques, politiques, dynastiques
viennent nous expliquer cet état de choses qui se
caractérise avant tout par un manque d'initiative
en matière économique en général, fait d'autant
plus remarquable qu'il contraste singulièrement
avec les efforts vraiment persévérants que faisait
l'Autriche au profit du trafic de son thaler[1].

La *deuxième partie* de notre travail s'occupe de
la propagation dans le Levant et de la sphère
d'emploi de la monnaie en question.

---

1. Les conditions tant économiques et politiques que techniques du succès de ce thaler ayant été remplies par l'Autriche, n'aurions-nous pas pu,
de ce qui constitue l'objet de notre première partie, faire une sorte de
conclusion de notre travail? Cependant non seulement, les constatations
qui vont suivre, pour devenir générales, auraient eu besoin d'être appuyées
sur des données empruntées aux autres manifestations de la vie politique
et économique, mais encore, ceci fait, loin d'avoir tiré une conclusion,
nous ne serions arrivé qu'à justifier notre point de départ. L'histoire du
thaler de Marie-Thérèse nous fournira sans doute, elle aussi, un précieux
apport pour faire ressortir les particularités de la vie politique et économique de l'Autriche du xviiⁱᵉ siècle, dont l'importance est indéniable
quant à l'émission et au succès de cette monnaie. Mais il reste justement
à établir que ses particularités ont réellement existé.

PREMIÈRE PARTIE

La constitution économique et politique de l'Autriche au XVIIIᵉ siècle.

CHAPITRE PREMIER

La politique monétaire de l'Autriche dans la deuxième moitié du XVIIIᵉ siècle déduite de l'histoire du thaler de Marie-Thérèse.

———

La réforme monétaire de François Iᵉʳ, que Marie-Thérèse avait adoptée pour la Hongrie et la Bohême, et qui avait servi de base à la Convention austro-bavaroise de 1753, diminua d'une manière inconnue jusqu'alors le titre des monnaies d'argent, titre qui tomba au-dessous de la moyenne de celui des thalers allemands existants[1]. De sorte que la Prusse, soucieuse de maintenir son argent dans la circulation, se hâta de baisser à son tour l'aloi de ses pièces blanches, et dès 1754 la Bavière fit savoir à l'Autriche la nécessité dans laquelle elle se trouvait d'abandonner les prescriptions de la Convention pour quelques frappes exceptionnelles qui devraient avoir pour but elles aussi d'empêcher la sortie de l'Allemagne du Sud des grosses pièces d'argent[2].

---

1. SHAW, p. 168, 263.
2. Par Convention tout court, nous désignerons la Convention monétaire austro-bavaroise de 1753.

En effet, l'adoption d'une base inférieure à celle du type de la Convention empêcha efficacement la sortie de la monnaie prussienne, et ce ne fut qu'au commencement du XIXe siècle, par suite de la confusion monétaire qui résulta de la Révolution française, que la monnaie prussienne se répandit en dehors de la Prusse. La Bavière et les autres Etats de l'Allemagne du Sud convergèrent peu à peu vers le système prussien auquel finalement le leur fut complètement assimilé en 1838[1].

L'Autriche, au contraire, loin de se montrer prête à les imiter dans la protection de l'étalon (selon la loi de Gresham), maintenait les mesures monétaires prises de 1748 à 1753, et qui eurent pour conséquence de lui enlever constamment son numéraire dont l'aloi était supérieur à celui des monnaies des Etats voisins. Par l'article XIV de son instruction du 7 novembre 1750 adressée à la Monnaie principale de Vienne, Marie-Thérèse ordonne l'observation la plus stricte et sans aucune exception de ces mêmes règles[2].

L'article IV de l'instruction adressée à l'Hôtel des Monnaies le 1er janvier 1754 répète cette prescription et la maintient en vigueur[3].

---

1. Shaw, p. 169, 311, 312.

2. « ... ist es Unser ernstlicher Wille und Befehl, dass ihr und gesamt übrige Unsere Münz-Beamte unter schwerster Verantwortung bey allen Silbernen Münz-Sorten ohne Ausnahme von den Thalern an bis zu dem Pfennig oder Vierer inclusive den in dieser Instruction verordneten und auch vorgeschrieben werdenden Korn so accurate und präcise halte und ohnverbrüchig beobachen sollet, dass an solchem nicht das mindeste abgängig seye, indem wir in dem Korn oder Fein-Halt nicht die mindeste Connivenz noch Remedium gestatten, mithin wohl zu sorgen ist, dass der Halt (ehender reich als zu scharf probirend) bey jeder Münz-Sorte zu finden seye.... ». (Cf. Perz et Raudnitz, p. 10.)

3. Perz et Raudnitz, p. 10 à 12.

C'est que des raisons particulières avaient dû amener l'Autriche à persister dans la conservation du titre supérieur de ses espèces. En effet, en 1752 déjà, le Directoire du Commerce *(Commercien-Directorium)* était en état de constater que l'exportation du numéraire, notamment en Turquie, loin de causer un dommage au fisc, pourrait lui procurer d'importants bénéfices[1]. L'état des relations économiques était d'ailleurs tel qu'une prohibition de cette exportation aurait abouti à la suspension de toute relation commerciale avec ce pays[2].

Une fois constatée la nécessité d'exporter du numéraire, le gouvernement autrichien s'occupa aussi de montrer qu'il avait la ferme volonté de réglementer cette exportation. Etant donné que ses thalers étaient, en Orient, recherchés avec une certaine prédilection, l'Autriche se résolut à en faire un commerce. Dès 1752, le privilège de ce commerce fut conféré à un financier de Vienne. Pour lui faciliter l'exercice de ce trafic, le gouvernement lui remit un prêt sans intérêt, une somme qui constituait le capital fixe de cette entreprise[3]. Le fisc même subvint aux frais généraux et assura à son mandataire une commission, en se réservant tout le restant de l'agio dont profita le thaler. Mais vu les gros bénéfices que ce commerce procura à ce financier, un contrat formel fut conclu

<hr>

1. Perez et Raudnitz, p. 37, 38, n. 2, rapport du comte de Chotek.
2. Cf. *Mitteilungen*, p. 520, § 14.
3. *Mitteilungen*, p. 519.

en 1766 entre l'administration des finances et lui, contrat qui avait pour but d'augmenter le bénéfice du fisc.

Des comptoirs de vente furent installés à Vienne et à Trieste; par suite d'un autre contrat conclu en 1769 avec un syndicat de banques étrangères, il en fut fondé aussi à Venise, à Gênes, à Livourne et à Marseille[1]. Pour combattre la contrebande des thalers, le gouvernement soutint les détenteurs du privilège par une série d'édits et de lois et leur prêta même le concours de la force armée[2].

Mais tous ces moyens n'ayant pour conséquence que d'entraver justement ce commerce d'espèces et de favoriser la concurrence que lui faisaient les Etats de la Convention, le gouvernement autrichien modifia sa ligne de conduite et sans hésiter déclara, en 1776 et en 1777, le trafic des thalers de Marie-Thérèse complètement libre à l'étranger aussi bien qu'en Autriche[3].

On s'était tellement habitué à ce négoce qu'en en parlait comme de celui de n'importe quelle marchandise. Ainsi, dans une lettre de Joseph II de l'année 1767 se trouve l'expression « *Thaler- und Sensen-Kauf der Türken* »[4]. Tout le monde, dans l'Autriche officielle, s'intéressait à ce commerce. Et quand il se trouvait à une période de stagnation, les fonctionnaires étaient sûrs d'être

1. *Mitteilungen*, p. 520, 521, n° 13 dudit contrat.
2. Pérez et Raudnitz, p. 64, n. I, 63; p. 61 à 65..
3. Id., p. 67 et suiv.
4. Béra, p. 155.

les bienvenus s'ils apportaient des projets qui devaient y porter remède[1]. A plusieurs reprises, l'impératrice Marie-Thérèse elle-même témoigna le plus vif intérêt pour cette question. C'est elle qui fit accorder une rémunération à une maison de change pour la récompenser d'un bon conseil au sujet du privilège dont nous parlions tout à l'heure[2]; c'est elle qui, deux fois, contrairement à l'avis de ses conseillers, prit des décisions ayant pour effet l'établissement et le développement du commerce des thalers[3]. C'est elle encore qui, par rescrit autographe, ordonna, en 1773, une enquête parmi les commerçants grecs et turcs pour connaître les raisons de la décadence de ce commerce[4]. La diplomatie même dut se mettre au service du trafic de ces espèces[5].

Allons plus loin. La fabrication de cet article d'exportation étant forcément monopolisée par l'Etat, celui-ci, en bon industriel, s'efforce de satisfaire de son mieux le goût de sa clientèle. Il ne se contente pas de veiller à la bonté et à la stabilité de l'aloi, il se préoccupe aussi du goût de la clientèle du thaler, goût qui porte sur la forme extérieure de la pièce de monnaie; il s'en informe et il en tient compte jusque dans le dernier détail. En voici des preuves : après 1780, on conserva l'effi-

---

1. Cf. Peez et Raudnitz, p. 58, 59.
2. Id., p. 47, n. 2.
3. Id., p. 39, 51.
4. Id., p. 66, n. 2.
5. Cf. Id., p. 25, 53, art. 13, 12, p. 55, 59 et suiv , 125, 126, 130.

gie de l'Impératrice, quoiqu'elle fût défunte, à cause de la préférence qu'avait l'Orient pour cette effigie[1]. En 1765 déjà, les pièces où Marie-Thérèse était représentée avec son voile de veuve, ne trouvant pas d'abord de débouché, on avait décidé de continuer la frappe des anciens thalers parallèlement aux nouveaux. Cela finit d'ailleurs par assurer une préférence incontestable au modèle de 1765, qui fut adopté définitivement pour la frappe avec le millésime invariable de 1780[2].

Quelque temps après la mort de Marie-Thérèse, le prix favorable du métal-argent[3] et les améliorations des relations commerciales en général firent augmenter la demande des thalers. Le monnayage cependant des espèces à l'effigie de l'Impératrice défunte n'était permis qu'autant que les matrices servant à la frappe seraient utilisables[4]. Mais lorsqu'en 1783 un bureau de change d'Augsbourg demanda expressément des thalers à l'effigie de Marie-Thérèse, il n'y avait plus que deux paires de ces matrices; encore étaient-elles très usagées.

Par rescrit de 1783, le Chambre Aulique permit donc la fabrication de nouvelles matrices à l'effigie indiquée et à la date de 1780 (année de décès de l'Impératrice). Cette ordonnance s'adressait à tous les Hôtels de Monnaie autrichiens existants ou à fonder ultérieurement. (En effet,

---

1. *Mittheilungen*, p. 533 et suiv.
2. Voy. *Infra*, 2e partie, ch. 1er et chap. III, B.
3. ERNST, p. 272 et suiv.
4. *Rescrit de 1780.*

l'essor constant du négoce des thalers provoqua la fondation d'autres ateliers de frappe de ces monnaies, en 1785 en Transylvanie et en 1787 à Milan). Non seulement l'effigie est restée la même depuis cette époque, mais les procédés techniques, eux aussi, imitent ceux du XVIIIe siècle pour reproduire les menus détails de la frappe. Ainsi, les coins libres, à l'aide desquels on frappe ces thalers encore aujourd'hui, leur donnent la sonorité des anciennes monnaies. « Ils portent la marque de la glyptique ancienne[1] ». On emploie des coins libres pour ménager la tranche et la légende marginale en relief[2]. D'ailleurs M. Luschin constate que pour les besoins du commerce, l'exécution des monnaies est maintes fois restée en arrière des progrès techniques et artistiques (par exemple à Athènes, à Venise, etc.[3]). « La légende latérale s'inscrit maintenant en relief, grâce à la virole articulée. Avant la révolution de Juillet, elle s'inculquait en creux sur le flan ; il en va encore de la sorte en Russie, en Allemagne, en Autriche-Hongrie » pour toutes les monnaies frappées suivant l'étalon actuellement en vigueur ; de sorte que la légende marginale du thaler de Marie-Thérèse, elle aussi, s'inscrit en effet par un procédé qui n'est pas au courant de la technique du monnayage moderne[4].

---

1. Ernst, p. 272 et suiv.
2. *Lettre particulière* de la Monnaie I. R. de Vienne.
3. *Op. cit.*, p. 48. Cf. Foville, p. 98.
4. Cf. *Encyclopédie technologique*, 7e éd., t. III, art. *Monnaie*, fig. 8, 9, 10. Pour les dimensions et d'autres indications d'ordre purement technique, voy. notre *Appendice IV*.

Le souci du gouvernement autrichien de procurer à cette industrie la matière première indispensable' est remarquable tout aussi bien que la jalousie avec laquelle il a surveillé le maintien du
monopole de la frappe.

Le contrat de 1769 avec les banques d'Augsbourg n'avait pour but que de garantir aux Monnaies de Hall et de Günzburg le métal-argent qui
était nécessaire à la frappe des thalers de Marie-
Thérèse réclamés des Augsbourgeois par leurs
clients des plus grands ports méditerranéens'.
Rien ne prouve mieux l'importance de ce facteur
que la constatation de la concurrence que les thalers vénitiens et allemands faisaient aux thalers
autrichiens, concurrence qui était provoquée par
le bas prix d'achat qu'avait l'argent en Autriche'.

En ce qui concerne le monopole de la frappe
du thaler à l'effigie de Marie-Thérèse, on le défendait déjà en 1764 contre les Villes Impériales,
comme en 1801 contre la République cisalpine,
en 1857 contre les Etats du Zollverein, en 1877 et
1892 contre la Hongrie elle-même'.

Quant au thaler, à sa fabrication et à son débit,
rien ne pouvait échapper à l'attention des autori-

---

1. Cf. PEEZ et RAUDNITZ, p. 40, 56, 59, 70, 71.
2. Id., p. 51 et suiv., art. 1er, 5, 6 et notamment art. 7, où la fourniture
de l'argent brut est déclarée constituer le point essentiel de ce contrat.
3. Id., p. 69, n. 1, p. 129.
4. *Mitteilungen*, p. 558, 523. FOVILLE, p. 77, 78. Cf. *Rapports au Ministre
des Finances* 1909, p. 277 à 305 surtout, p. 289, art. 14.

tés compétentes et, du moment que son commerce était privilégié, tout, jusqu'aux voies de transit et de sortie, était soumis à la réglementation la plus minutieuse[1].

C'est d'ailleurs le caractère de l'époque. « Pour l'ensemble des commerçants et des industriels, le privilège, le monopole sont l'âme et le fond de la législation[2] ». A plus forte raison, cette réglementation devait s'appliquer à la frappe et au négoce d'une pièce de monnaie.

*
* *

Est-ce que l'Autriche serait exportatrice de ses métaux précieux sous forme monétaire?

Serions-nous donc ici encore en face du fait constaté chez tous les peuples exportateurs de métaux précieux et dont l'Espagne a donné l'exemple le plus éclatant, l'Espagne dont toute l'activité économique s'est concentrée dans l'exploitation de ses mines américaines[3]?

Mais nous savons au contraire que déjà « au xvii° siècle l'industrie minière du Tyrol, comme celle de toute l'Allemagne, se ralentit considérablement..... Quelques mines d'argent du pays de Salzbourg subirent le même sort..... En Bohême aussi, l'exploitation des mines d'argent déclina

1. Cf. Perz et Raudnitz, p. 49, 51, 52. Cf. *Infra*, p. 47.
2. Bonnassieux, p. 478. Dubois, p. 197.
3. Cf. P. Leroy-Braulieu, t. IV, p. 127. Lenormant, iii, p. 133.

depuis la même époque[1] ». Cette diminution de la production était sans importance sérieuse. En effet, elle était compensée par l'importation des métaux précieux américains[2]. Ainsi, dès le milieu du xviiie siècle et jusqu'à la fin du xixe siècle, la plupart des thalers furent faits avec de l'argent brut ou monnayé fourni par des particuliers. En 1764, par exemple, les mines de l'Etat fournirent de l'argent pour 13.700 thalers, tandis que la quantité d'argent apportée par des particuliers constitua la matière première de 874.053 pièces[2]. Aussi, la Chambre Aulique fut-elle forcée de déclarer que, par suite de la diminution de la production des mines d'argent, le fisc ne pouvait plus fournir de métal brut pour la frappe des thalers d'exportation et, comme nous le disions, à la fin du xixe siècle encore la quantité d'argent provenant des mines de l'Etat était relativement petite. Par exemple, sur les 150.990 kilogrammes d'argent qui furent employés en 1896 pour la frappe des thalers et sur les 127.241 kilogrammes de 1897, les mines de l'Etat ne fournirent que 25.639 kilogrammes en 1896 et 10.000 en 1897[4]. « Tout l'or et l'argent provenant des mines autrichiennes est de beaucoup insuffisant pour compenser la consommation annuelle du commerce[5] ».

1. WIEBE, p. 263. Cf. HELFFERICH, p. 102, 104.
2. WIEBE, p. 269.
3. PEEZ et RAUDNITZ, p. 54.
4. Id., p. 80, 40, 38, 47 et suiv., 51 et suiv., 70.
5. SCHWEIGHOFER, p. 148.

C'est pourquoi d'ailleurs le premier privilège du commerce des thalers fut basé sur la fourniture de la matière première de provenance étrangère, et c'est pour la même raison que les contrats eurent, eux aussi, comme condition essentielle la fourniture par des particuliers du métal-argent destiné à être transformé en thalers de Marie-Thérèse.

Car, loin de pouvoir imiter l'Espagne, l'Autriche du xviii° siècle ne semble même pas assez forte pour attirer sur ses frontières le grand courant des métaux précieux américains. Aussi, à un moment donné, pendant les guerres napoléoniennes (1799), avait-on l'intention de conserver pour la circulation intérieure tout argent envoyé à la Monnaie de Vienne dans le but d'en faire frapper des espèces d'exportation[1]. Toutefois n'oublions pas que dans cette époque de troubles et d'insécurité politiques, l'Autriche était déjà submergée par le papier-monnaie et que tout le monde devait éprouver le désir de mettre en sûreté une partie de sa fortune en réalisant de la bonne monnaie sonnante, ce qui aggravait encore la situation monétaire du pays. Un économiste du commencement du xix° siècle voit en effet dans cette circonstance une des causes du triste état monétaire et financier de l'Autriche[2].

Or, la cause première de cet état des choses,

<hr>

1. *Mitteilungen*, p. 540.
2. Bisinger, p. 209, n° 6.

dit le même auteur, était la législation monétaire
de 1786 par laquelle la valeur de l'or était déme-
surément augmentée par rapport à celle de l'argent (de 1 : 14,15, à 1 : 15,28). Ce qui était cause
que l'argent sortait continuellement de la circulation[1].

En nous rappelant encore une fois les mesures
prises vers la même époque en France et dans
plusieurs Etats allemands en vue du maintien de la
circulation métallique[2], nous constatons une sorte
d'anachronisme dans la manière de procéder de
l'Autriche. « D'après les théories économiques qui
s'étaient établies au xvii⁰ siècle », dit M. Masson,
« l'exportation du numéraire était une cause de
ruine pour le pays, et le commerce du Levant,
qui faisait sortir beaucoup d'argent du royaume
sans développer la consommation des produits de
notre industrie, allait passer aux yeux de bien des
gens pour un commerce funeste au bien du
royaume[3] ». C'est pour cette raison que Colbert
tâchait d'organiser une exportation lucrative de
marchandises au lieu du trafic ruineux de l'argent[4].

En effet, vu l'importance du numéraire-richesse
dans la théorie mercantiliste[5], le commerce des
métaux précieux était par principe plus ou moins

1. Id., p. 298, n° 1. De 1781 à 1790, le rapport moyen en Europe entre l'or
et l'argent était de 1 : 14.78. (FOVILLE, p. 41).
2. Cf. COSTES, p. 44, 49 ; ROSCHER, p. 434 et suiv.; DAMASCHKE, p. 98.
3. *XVII⁰* s., p. xxxii.
4. Id., p. 160.
5. DUBOIS, p. 264 ; DIONNET, *Introd.* Cf. BIDERMANN, *Merk*, p. 3. Cf. *W. B.*,
p. 485 : *H. W. B.*, tome V, p. 752. ONCKEN, p. 153 et suiv.

prohibé. Aussi, les Etats mercantilistes ne man-
quaient-ils pas de se prononcer tout haut contre
la méthode autrichienne[1] ou bien d'interdire de
leur mieux toute tentative d'exportation des métaux précieux. En Autriche il s'agissait, comme
nous venons de le voir, de l'exportation systéma-
tique et officiellement réglée du numéraire.

Et si la réglementation par l'Etat ainsi que le
système des privilèges et des monopoles étaient
caractéristiques pour l'époque mercantiliste, l'Autriche, en les appliquant au commerce du numéraire, les a poussés *ad absurdum*.

1. PEEZ et RAUDNITZ, p. 57.

CHAPITRE II

Autres manifestations de la vie économique des Pays-Héréditaires.

———

« Si l'histoire sociale d'une nation ressemble à celle de toutes les autres, cette histoire n'a pas suivi en tous pays une marche identique, d'une rapidité partout égale. Il n'existe pas, entre ces histoires parallèles, un synchronisme absolu[1]. »

La différence que nous venons de constater entre la politique monétaire de l'Autriche et celle des Etats mercantilistes n'est due, peut-être, qu'à ce fait qu'un certain développement économique, qui eut lieu dans l'Europe occidentale, s'accomplit en Autriche à une date différente.

Toutefois, d'après M. Schmoller, c'est la Prusse de Frédéric II qui nous offre non seulement le dernier exemple mais aussi les résultats les plus complets de ce mouvement politique et intellectuel qu'on est convenu d'appeler le mercantilisme[2],

1. HAUSER, p. 195, n. 1.
2. *Merkantilismus*, p. 6.

et d'autre part un historien de Marie-Thérèse croit
la deuxième moitié du xviiie siècle déjà par trop
avancée pour ce système suranné du colber-
tisme[1]. En effet M. Lexis dit, lui aussi, que l'apogée du mercantilisme tombe dans la deuxième
moitié du xviie siècle et dans la première moitié
du xviiie[2].

Si donc la manière de faire de l'Autriche ne
peut s'expliquer par son état pré-mercanti-
liste, tâchons de savoir en quoi et jusqu'à quel
degré les Etats de Marie-Thérèse et de Joseph II
avaient déjà surpassé le système économique
ouest-européen. « Louis le Grand », nous dit un
économiste autrichien, « avait ouvert les yeux à
toute l'Europe sur l'influence qu'a le commerce
sur la puissance des Etats. Les peuples comprirent
que ce souverain ne devait la réussite de ses entreprises étonnantes qu'au secours que lui assurait la grande activité économique de son pays.
Tous s'efforcèrent donc de favoriser l'industrie,
les manufactures, le commerce. L'Angleterre, la
Hollande, les Etats italiens tentèrent de devenir
de plus en plus indépendants du trafic français,
l'Allemagne les imitait. L'Autriche seule semblait
ignorer l'essor général que prenait alors le commerce en Europe. Elle seule hésitait à créer cette
activité économique qui animait tous les autres

1. WOLF, p. 483, 484.
2. *W. B. der Volksw*, II, art. *Merkantilismus*. p. 485.

Etats. Les pays des Habsbourg tâchèrent pourtant, eux aussi, de se rendre indépendants de la France, mais ils ne choisirent nullement les justes moyens pour arriver à cette fin. Si désormais on achetait moins à la France, c'était pour le profit des marchands anglais, allemands et italiens dont l'Autriche devint la cliente[1] ».

En Autriche, le XVIIe siècle a été une période d'inertie attristante en ce qui concerne l'activité économique. Ce n'est que du traité de Passarowitz, signé en 1718, qu'on peut sérieusement faire dater les débuts du commerce et de l'industrie dans les Pays-Héréditaires[2]. Précédée (1717) par la Compagnie d'Ostende, la Compagnie d'Orient fut fondée à Vienne en 1719, et l'année précédente déjà Charles VI avait montré, par la création de ports francs à Trieste et à Fiume, sa ferme volonté de faire entrer l'Autriche dans la voie des Etats maritimes[3]. Jusqu'alors, dans les territoires des Habsbourg, on ne s'était aucunement soucié du commerce maritime[4]. Les tentatives industrielles de la Compagnie d'Orient, protégées par l'Empereur, aussi bien que les autres mesures prises par celui-ci pour favoriser l'industrie naissante, prouvent que ce souverain s'inspira des tendances économiques de son époque[5]. En 1727, il

---

1. SCHWEIGHOFER, p. 276, 277.
2. MAYER, p. 1, 28. Cf. LUSCHIN, II, p. 484.
3. MAYER, p. 44, 37 ; LUSCHIN, II, p. 500.
4. MAYER, p. 48. SCHNELLER, II, p. 30, y ajoute la navigation sur le Danube. Cf. SCHWEIGHOFER, p. 305. SOREL, *Recueil des Instructions*, p. 182.
5. SCHNELLER, II, p. 48, 69 ; MAYER, p. 122.

voulut même prohiber les marchandises étrangères [1].

Mais toutes ces mesures et bien d'autres échouèrent contre la résistance de la population, contre
celle des fonctionnaires et des Etats provinciaux,
ou bien furent abandonnées pour des raisons politiques [2]. Aussi le bilan de ces débuts d'une activité économique est-il bien triste. « Mauvaise économie, » dit Schneller [3], « que celle de Charles VI
qui légua à sa fille ses Etats, sans argent dans les
caisses et sans fer pour la guerre. Cet empereur
s'était occupé de grands projets pour réformer la
vie économique de ses Etats, mais il avait ignoré
ou négligé les infimes causes premières de la Richesse. Il incombait à Marie-Thérèse d'apporter
remède à l'état économique déplorable des Pays-
Héréditaires ».

Comment ! La deuxième moitié du xviii° siècle
qui nous montra tout à l'heure l'aspect économique original de l'Autriche, cette époque serait en
même temps celle où l'exemple du mercantilisme
a été définitivement imité dans cet Etat ! En effet,
la statistique économique de l'Autriche, au commencement du xix° siècle, nous rappelle ce qu'il
y avait de mercantilisme dans cette fin du siècle
précédent [4].

---

1. MAYER, p. 53 ; LUSCHIN, II, p. 500.
2. MAYER, p. 55, 56 ; SCHNELLER, II, p. 35. Cf. BIDERMANN. p. 377, 433, 446.
3. I, p. 92, 98. Cf. FISCHEL, p. 178.
4. BISINGER, p. 241, 237. Cf. SCHWEIGHOFER, p. 277.

Voyons donc ce que dit M. Beer, d'abord sur l'industrie autrichienne. Même en 1766, tout comme sous Charles VI, les commerçants ne voulaient pas soutenir l'industrie indigène; d'ailleurs, ni la quantité, ni la qualité des produits nationaux n'étaient satisfaisantes, et encore ces produits étaient-ils de 80 à 100 % plus chers que ceux d'outre-frontière. Les produits miniers s'exportaient à l'état brut; en 1786 encore, l'exportation du fer fut déclarée libre et donnait même droit à des primes[1]. Les fabricants de Bohême réclamèrent à maintes reprises la défense d'exporter la laine brute, commerce qui, sous Joseph II, avait également droit à des primes[2]. Jusqu'au commencement du XIXᵉ siècle, on se plaint de cet état de choses[3]. — Comparons à ce fait la prohibition à outrance, dans les Etats mercantilistes, de l'exportation des matières brutes[4].

Mais si, jusqu'en 1760 et les quelques années qui suivirent, les protectionnistes formaient la majorité au Conseil impérial et pourtant obtenaient si peu de résultats, qu'avons-nous à espérer du mercantilisme de l'époque suivante? « Car, dans la huitième décade, les idées étaient déjà plus libérales. » Or, continue M. Beer, « cet état s'aggrava sous Joseph II par de nouvelles tentatives de prohibition contre quelques produits étran-

1. Beer, p. 26, 27. Cf. Schweighofer, p. 27 : « Les produits des mines sont l'appui du commerce extérieur ».
2. Beer, p. 29.
3. Bisinger, p. 246.
4. Dubois, p. 196, 197 ; Damaschke, p. 90, 100 ; Roscher, p. 452.

gers[1] ». En effet, Bisinger mentionne particulièrement l'activité de Joseph II dans la fondation de
l'industrie indigène[1].

Mais n'oublions pas que ce souverain s'est
intéressé non pas spécialement à cette question,
mais à tout ce qu. touchait ses Etats et leurs peuples; qu'à cause de nombre de mesures libérales il
est considéré comme prenant place parmi les phy-
siocrates, ainsi que son frère et successeur
Léopold II, grand-duc de Toscane[2]. C'est pour
cela qu'on a pu dire qu' « en ce qui concerne le
commerce et les métiers, Joseph II n'avait encore
comme point de vue que le vieux système de prohibition mercantiliste, mais que au point de vue
de l'agriculture il était physiocrate[4] ».

En tout cas, un écrivain contemporain de Joseph II a pu publier un livre intitulé[5] : « Difficultés qui en Autriche s'opposent le plus à l'installation des manufactures et d'un commerce », et
Bisinger encore traite de ces obstacles[6]. Et ce qui
fut produit par l'industrie rudimentaire, dans la
deuxième moitié du xviiie siècle, ne servait qu'à
accentuer encore davantage la différence qui existait sur ce point-ci entre cet Etat et les Etats mercantilistes. « Les Autrichiens n'avaient pas atteint

---

1. Beer, p. 113, 116, 120, 3 ; Schweighofer, p. 100.
2. *Op. cit.*, p. 195, 238. Cf. Schweighofer, p. 278.
3. Schneller, II, p. 225 ; Damaschke, p. 176 et suiv.; Oncken, p. 421.
4. Zeissberg, p. 188.
5. *Hindernisse, welche in den österreichischen Staaten die Aufnahme der Manufacturen und Handlung am meisten hemmen;* von K. M. Dinger. Wien, 1784. 8. (Bisinger, p. xci.)
6. *Op cit.*, p. 241 à 248.

comme les Français le goût des Espagnols et des Américains dans l'apprêt, dans l'aunage et dans l'assortiment[1] ».

Regardons ensuite l'activité économique qui est en rapport direct avec celle que nous venons d'effleurer, celle du commerce extérieur : la ville de Trieste, dont le hinterland restait sans industrie et était peu peuplé, ne pouvait pas faire de progrès[2]. Aussi, la route menant au port de mer autrichien était-elle, en 1767 encore, en proie aux incursions de brigands[3]. Bourgade obscure en 1718, le port autrichien est encore en 1764 une ville bien médiocre, quoique dès 1738 elle soit le dernier espoir du commerce maritime de l'Autriche[4]. Entre Trieste et Livourne, les échanges se font par voie de terre. Entre la France et Trieste, ils sont effectués par l'intermédiaire de Livourne, de Gênes et de Raguse, et ce n'est qu'à partir de 1770 que les Marseillais apparaissent à Trieste. Et il est même particulièrement à remarquer que les cargaisons de retour étaient insuffisantes, aussi bien comme quantité que comme valeur. Livourne et Gênes conservèrent donc leur importance dans les relations franco-triestines[5]. En effet, en 1769, le Conseil Impérial du Commerce constate lui-même la différence économique entre

1. Extrait d'une lettre de 1773 reproduite par M. Beer, n. 174.
2. Beer, p. 28.
3. Id., p. 161.
4. Masson, *XVIIIe siècle*, p. 392. Beer, p. 36 et n. 91.
5. Beer, p. 59, 77. Schweighofer, p. 313.

les Etats maritimes et l'Autriche. Faute de colonies, dit-il, une navigation étendue ne peut pas se développer[1]. D'ailleurs, il n'y avait pas de navires de guerre qui auraient pu défendre une flotte marchande contre les corsaires de la Méditerranée[2].

Le commerce, que l'Autriche faisait dans le Levant par voie de terre ou en utilisant le Danube, n'avait pas plus de succès que ses entreprises maritimes, quoique le commerce levantin fût la branche la plus importante de son commerce extérieur[3]. En 1750, une nouvelle compagnie d'Orient fut fondée, mais elle ne réussit pas davantage que celle de 1719, et on fut tellement découragé par cet insuccès qu'un projet nouveau de fonder une entreprise pareille fut nettement repoussé en 1771[4]. Aussi le fait, en 1768, de voir un commerçant viennois équiper un navire pour descendre le Danube jusqu'à la frontière turque, provoqua-t-il une grande sensation[5]. Le récit de ce voyage, paru en 1777, eut six éditions et fut même traduit en russe et en hollandais. La première entreprise qui devait utiliser les expériences faites à cette occasion fut fondée en 1777; mais elle n'eut pas non plus de succès, malgré les subventions[6].

1. Beer, p. 45.
2. Id., p. 80, 89. Cf. Schweighofer, p. 307.
3. « Das levantinische Negocium ist aber das natürliche für den österreichischen Staat. » (1766, Beer, n. 121, p. 167. Bisinger, p. 273 et suiv.
4. Beer, p. 80, 81.
5. Id., n. 206.
6. Id., p. 87, 89.

Si telles étaient les difficultés que rencontrait le commerce extérieur, que devons-nous penser des relations commerciales intérieures auxquelles s'opposaient des obstacles encore plus grands[1]? Les routes étaient des plus mauvaises[2]. Le mauvais état de la navigation fluviale est également attesté pour l'année 1774. Les projets de creusement de canaux et de canalisation de fleuves étaient nombreux, mais ils n'étaient jamais réalisés[3]. En 1773, on essaya d'établir, par la Drave et le Karst, une communication entre la Hongrie et le littoral, mais sans résultat encourageant[4].

Ces quelques exemples de l'activité commerciale de l'Autriche nous autorisent-ils à conclure qu'il existait encore d'autres différences que celles mentionnées plus haut entre les Etats des Habsbourg et ceux de l'Europe occidentale? Telle était, en effet, l'impression qu'on avait à l'étranger, en les comparant les uns aux autres. « Chose consolante », dit un rapport anglais de 1751, « que d'apprendre où on en est encore à Vienne sur les matières du commerce[5] ». Un autre témoignage de la deuxième moitié de ce siècle nous est rapporté par M. Beer[6], traitant de la différence entre les conceptions et procédés commerciaux en

---

1. Schweighofer, p. 133 et suiv., 142.
2. Beer, p. 84.
3. Id., p. 7, 8. Dès le commencement du xviiiᵉ siècle, des projets semblables avaient été faits. Cf. Fischel, p. 213, 238, 240.
4. Beer, p. 17.
5. Masson, *XVIIIᵉ siècle*, p. 562.
6. *Op. cit.*, p. 144, 145, n. 77.

usage en Prusse et ceux qui étaient employés en Autriche.

Mais ce qui nous importe encore davantage, c'est de constater le manque d'initiative et d'intérêt des gouvernements autrichiens en matière économique, et, pour mieux saisir cette singularité, nous n'avons qu'à nous rappeler au contraire les grands efforts faits par ces mêmes gouvernements en faveur de la frappe et de l'exportation du numéraire. Plein d'originalité en ce qui concerne l'industrie et le négoce des thalers, on en est réduit, en Autriche, à l'imitation pour tout le reste de l'activité économique.

Ainsi, Joseph II suivait de loin le système industriel de la France et on tâchait d'imiter même la Prusse ennemie à laquelle on enviait sa prospérité économique. Pour la navigation, les règles de Livourne, de Raguse et celles de la France servaient de modèles [1].

Ce qui est encore plus curieux, c'est de voir l'Autriche solliciter des puissances étrangères des avantages économiques aussitôt que celles-ci venaient d'en accorder à un autre État. Ce n'est pas parce qu'on avait besoin de ces avantages, mais c'était plutôt par une sorte de jalousie. L'Autriche ne voulait pas se laisser devancer, peut-être pour des raisons de prestige politique. Ainsi, ce fut après la Russie seulement qu'on pensa en Autriche à la possibilité d'une navigation dans la Mer

1. Schneller, I, p. 98; Schmoller, p. 10; Beer, p. 10 et 41.

Noire. Ce fut après les victoires russes que l'Autriche demanda et obtint le passage du Bosphore (1784)[1]. Le traité franco-turc concernant le passage de l'Isthme de Suez et de la Mer Rouge engagea la Cour de Vienne à réclamer à la Porte les mêmes avantages[2]. Le Danemark refusant de payer quelques droits imposés à la navigation méditerranéenne par le Prince de Monaco, l'Autriche suivit son exemple[3].

Même le traité de Passarowitz qui cependant, pour beaucoup d'écrivains, est censé être le point de départ de relations économiques intenses avec la Turquie, même ce traité reflète l'indifférence et le manque d'initiative de l'Autriche en matière économique. Voici ce qu'en dit le prince de Kaunitz en 1759 : « Il ne serait pas facile d'en trouver un équivalent, puisqu'il est très étrange qu'un Etat accorde à un autre plus d'avantages qu'à ses propres sujets[4] ». Des projets d'y apporter remède échouèrent encore en 1752 et en 1754[5].

Rien ne nous prouvera mieux ce genre de procédé dicté par la jalousie politique plutôt que par l'intérêt économique, que les opinions énoncées à ce sujet par Joseph II. Il s'agit d'abord de l'acquisition projetée de l'île de Tabago dans les An-

---

1. MASSON, *XVIIIe siècle*, p. 300, 646, 647. BEER, p. 83, 84. BIEINGER, p. 275.
2. BEER, p. 111.
3. Id., p. 79.
4. « ..... nicht leicht dürfte ein demselben gleichkommender Vertrag zu finden sein, da es sehr seltsam ist, dass eine Nation der anderen mehr Begünstigungen zugesteht als den eigenen Unterthanen. » (BEER, p. 80).
5. Id., p. 33.

tilles[1]. En réponse à cette proposition que lui fait l'ambassadeur autrichien à Paris, Joseph II dit[2] : « L'acquisition d'une possession dans quelque île de l'Amérique n'est point à rejeter, et quelque difficile qu'en paraisse la réussite, il ne faut pas la perdre de vue. Il y aurait encore un autre objet également intéressant (!) et parfaitement conforme aux grands principes de liberté et de commerce ; en reconnaissant l'indépendance d'une nation étrangère et en faisant cesser toute condition odieuse et honteuse, les Espagnols pour Gibraltar, les Français pour Dunkerque et les Russes en général prêchent ce langage. Pourquoi serais-je le seul à ne pouvoir faire usage de mon Escaut ? » L'Empereur reprend cette comparaison de l'Autriche avec d'autres Etats, dans sa lettre du 7 décembre 1782 : « Tout le monde parle de liberté, de la justice et de l'équité qu'il y a que chacun mette en valeur les avantages que la nature et le local lui donnent et qu'il soit maître chez soi...... La France n'aura plus à Dunkerque un commissaire anglais qui veillera à empêcher qu'elle n'écure et n'arrange comme elle le trouvera bon son port et son bassin. L'Espagne obtiendra peut-être à tout prix son précieux rocher de Gibraltar ; les Russes navigueront sur la Mer Noire et au travers des Dardanelles à bon plaisir, et de toutes les puissances européennes, la Maison

1. Cf. *Correspondance du comte de Mercy-Argenteau*, I, p. 123, n. 1, p. 127, lettre 77.
2. Id., p. 128, lettre 79 du 23 septembre 1782.

d'Autriche sera donc la seule qui aura la honte et l'ignominie d'avoir un fleuve entièrement à elle sur les deux bords jusqu'à son embouchure[1] et qui lui sera fermé par un petit fort, bâti par une république qui, appuyée d'un traité de paix de l'autre siècle, lui défend l'entrée et par conséquent l'usage de son fleuve[2] ». Mais, nous le soulignons, ce ne sont pas des intérêts économiques qu'on croit lésés. L'Empereur dit d'ailleurs lui-même : « L'ouverture de l'Escaut ne serait qu'un joli cadeau qui ne me rendrait pas plus riche, ni plus puissant, ni plus formidable ». Et il qualifie cet état des choses de « gêne plus honteuse que nuisible[3] ».

Nous croyons pouvoir complètement nous dispenser de mentionner les tentatives colonisatrices sous Charles VI et Joseph II[4]. Organisées d'après des conseils provenant de l'étranger, exécutées pour la plus grande partie par des étrangers, ces entreprises échouèrent plus ou moins lamentablement et plus ou moins vite sans laisser la moindre trace, ni sur leur champ d'activité, ni dans la vie économique de l'Autriche.

---

1. C'était, *nota bene*, l'unique fleuve navigable réunissant ces qualités d'être entièrement à elle sur les deux bords jusqu'à l'embouchure.

2. Id., p. 151, n. 1.

3. Id., p. 128.

4. Cf. SCHWEIGHOFER, p. 411 à 430 ; SCHNELLER, p. 220 ; HEER, n. 250, p. 102 et suiv., n. 251. HUISMAN, p. 83 et suiv.

CHAPITRE III

Causes politiques de ce développement économique différent de celui des Etats mercantilistes.

————

A. *La politique extérieure de l'Autriche et sa situation géographique défavorable pour un commerce maritime.*

« Durant le long règne des Habsbourg », dit un écrivain de la fin du XVIIIe siècle, « l'Autriche qui s'était accrue jusqu'à devenir une puissance politique énorme, n'a fait que peu de progrès au point de vue économique. Pendant un laps de temps de plusieurs siècles, peu de branches industrielles se sont complètement développées. Tant que les autres nations européennes n'étaient pas encore éclairées sur les avantages du commerce, et que celui-ci se trouvait exclusivement entre les mains des républiques, il n'était pas trop étonnant que les Pays-Héréditaires ne fissent pas de progrès dans le sens indiqué. Mais ce qui est plus remarquable, c'est qu'ils étaient encore en profond sommeil lorsque d'autres pays se trouvèrent déjà en pleine activité économique ; que l'Autriche ne possédait pas encore de fabriques à une époque où d'autres peuples savaient gagner des millions par leurs industries. Les Etats des Habsbourg enrichissaient ainsi leurs ennemis et forgeaient des armes contre eux-mêmes.

« Une des principales causes de cette inertie économique est sans doute le fait qu'en tout temps on pensa en première ligne à l'agrandissement du territoire et que devant cette tâche on oubliait ou négligeait tous les autres points de vue, fussent-ils des plus utilitaires [1] ». En effet, « l'Autriche finit par s'oublier elle-même dans la multiplicité de ses entreprises politiques. Elle se perdit dans les vagues et vastes desseins qu'elle poursuivait partout à la fois ; portant sans cesse l'effort de sa puissance aux extrémités de son empire, elle en affaiblit le centre et en ébranla le fondement [2] »…..

On sait qu'au XVIIIe siècle encore l'Autriche était en voie de formation territoriale et qu'au milieu de ce siècle la fille de Charles VI avait à lutter pour l'existence même de son empire. Depuis des siècles on se trouvait en quête de territoires qu'on englobait sous le même sceptre sans choix, ni direction, ni but préétabli. Depuis l'Atlantique jusqu'en Sicile, depuis le Rhin jusqu'aux Alpes de Transylvanie flottait la bannière de la Maison d'Autriche [3]. Et si on n'était pas dif-

---

1. SCHWEIGHOFER, p. 146, 147.
2. SOREL, *Question d'Orient*, p. 305, 307.
3. Cf. VIDAL-LABLACHE, carte p. 38.

ficile en ce qui concerne les pays à choisir, par
exemple à l'occasion de traités de paix, on ne
l'était pas davantage quand il s'agissait de l'administration et du sentiment d'unité à leur donner
par la suite. Ainsi, en parlant de l'apogée de l'extension territoriale de l'Autriche sous Charles VI,
Sorel dit : « Elle présente en apparence une puissance formidable. Le prince qui en dispose paraît
porté aux grandes ambitions..... Mais il ne faut
pas s'en tenir aux apparences. Considéré de plus
près, le colosse semble infiniment moins redouta-
ble. Les Pays-Bas sont séparés du corps de la
monarchie et sans cesse exposés aux entreprises
de la France. L'Italie détourne l'Autriche de ses
traditions politiques en Allemagne..... Ce ne sont
finalement que des territoires, ce n'est pas un
Etat. L'Autriche reste une Maison, et cette maison
menace ruine [1] ».

Si par l'héritage espagnol, l'Autriche acquit le
grand accès à la mer, ce ne fut certes pas qu'elle
l'eût désiré avec obstination, mais justement parce
que cette acquisition portait forcément un caractère temporaire aux yeux des puissances signa-
taires du traité d'Utrecht [1].

En effet, on l'avait vue négliger sa petite côte
triestine qu'elle occupait cependant dès le XIVᵉ siècle [2] et s'en désintéresser de façon que Venise

---

1. SOREL, *Recueil des Instructions*, p. 14, 15.
2. Cf. MAHAN, p. 249.
3. Cf. VIDAL-LABLACHE, carte p. 30.

put, en 1717, prétendre maintenir l'Adriatique dans l'état de mer close où elle se trouvait de fait[1]. On avait encore vu les Habsbourg, héritiers de la couronne hongroise, abandonner à jamais l'idéal de la Hongrie d'atteindre à la mer, de cette Hongrie qui durant plusieurs siècles avait su, en Dalmatie, rivaliser avec Venise. En 1536, il est vrai, Ferdinand défendit, contre les Turcs, quelques forteresses hongroises en Dalmatie, mais l'expédition de Rodolphe II en 1596 ne fut que l'accomplissement d'un vœu du pape et fut exécutée sans aucune arrière-pensée politique[2]. Après ces deux guerres, sans succès d'ailleurs, le champ de bataille des rivalités politiques et économiques fut définitivement abandonné aux Vénitiens et aux Turcs. — Comparons à ces faits plutôt négatifs les efforts ininterrompus que firent par exemple les Prussiens et les Russes pour atteindre à la mer[3].

Ainsi, ni à Karlowitz (1699) ni même à Passarowitz (1718) on ne pensa à réclamer pour l'Empereur, en sa qualité de roi de Hongrie, la Dalmatie reconquise sur les Turcs et occupée par les Vénitiens, qui seuls semblaient avoir un intérêt à acquérir ce pays côtier, clef de la domination sur la mer Adriatique. Notons au surplus qu'à l'occasion de ce dernier traité on avait justement proposé au gouvernement autrichien de demander au lieu de la Moldavie et de la Valachie, la Bosnie,

---

1. Mayer, p. 30.
2. Zeisberg, *op. cit.*
3. Cf. Schultze-Gaevernitz, p. 468.

la Serbie et l'Epire, y compris la côte dalmate jusqu'au point du canal d'Otrante qui se trouve en face du golfe de Manfrédonia[1]. Ajoutons qu'en 1780 sous Joseph II, comme en 1795 sous François II, le ministre Cobenzl proposa tout aussi vainement l'acquisition de la côte dalmate[2].

Cette question, on le sait, ne fut résolue qu'à Campo-Formio et c'est un fait remarquable que l'occupation par l'Autriche de Venise coïncide avec la perte des *Vorlande*, possessions autrichiennes dans l'Allemagne du Sud. C'est enfin le congrès de Vienne qui, en libérant à jamais la Belgique et les possessions souabes de l'influence autrichienne, soumet par contre à sa domination la ville de Venise, son territoire et ses possessions[3]. « Or, ce n'est que l'acquisition de la Dalmatie qui a donné à l'Autriche ce qui jusqu'alors lui avait fait défaut, c'est-à-dire une population habituée à la mer et expérimentée en matière de commerce maritime. Voilà pourquoi la situation maritime des Pays-Héréditaires était restée jusqu'à ce moment restreinte, malgré que, d'une façon générale, les conditions d'un commerce extérieur prospère ne leur eussent pas manqué[4]. »

L'Autriche a donc toujours été une puissance essentiellement terrienne, on pourrait dire la puis-

1. FISCHEL, p. 235, n. 2.
2. ZEISSBERG, p. 198, 218.
3. Id., p. 219, 221, 230.
4. BECHER, p. 300, 329. Cf. VIDAL-LABLACHE, cartes p. 40, 41, 44, 45.

sance terrienne du xvıɪɪ⁰ siècle. Aussi les entreprises maritimes de cet Etat, à la fin de ce siècle, causèrent-elles le plus grand étonnement parmi les nations européennes[1]. En effet, tout ce qui fut tenté par les Habsbourg dans le commerce maritime s'appuyait nécessairement sur les « possessions passagères » de l'Autriche, possessions qui servaient mieux, par leur situation, les intérêts de ce commerce que les *Stammlande*[2]. Rappelons-nous la Compagnie d'Ostende. La Société Impériale de Trieste, fondée en 1775 et dissoute en 1784 avait, en dépit de son nom, Ostende comme point de départ de ses bâtiments[3]. Le premier voyage d'essai dans les Indes, organisé en 1776 par l'Autriche, eut Livourne comme port de sortie[4]. Même les projets concernant directement Trieste étaient basés sur la collaboration escomptée des Belges[5], et, bien entendu, ces entreprises isolées autant qu'éphémères n'étaient dues qu'à des conseillers étrangers, enfants des provinces italiennes ou belges, ou à des aventuriers originaires des nations maritimes[6]. Bien plus, sous Marie-Thérèse et Joseph II, on considérait comme une circonstance heureuse, au point de vue politique, que ces projets fussent conçus par des étrangers, en dehors de l'Etat ou des sujets autrichiens[7].

1. Schweighofer, p. 387.
2. Schneller, II, p. 20.
3. Bonnassieux, p. 425.
4. Schweighofer, p. 385, note .
5. Beer, p. 110.
6 Cf. Sorel, *Recueil des instructions*, p. 162. Schneller, II, p. 29. Zeissberg, p. 151, *Correspondance de Mercy-Argenteau*, p. 129, n. 1. Beer, n. 250, p. 103.
7. Beer, p. 103.

Etant donné le caractère de puissance terrienne de l'Autriche, ses entreprises maritimes devaient forcément être regardées comme une sorte d'empiètement sur le terrain économique des Etats de la côte atlantique. Comme l'a dit un auteur de l'avant-dernier siècle[1] : « Quand l'empereur Charles VI gagna la bataille de Belgrade, l'Europe ne fut point effrayée des conquêtes qui pourraient suivre ; mais quand il voulut établir la Compagnie d'Ostende, on le menaça de tous côtés parce qu'on craignait la force que le commerce pourrait lui donner... » L'Europe ne permit pas à l'Autriche, qui l'essaya un moment, de réveiller par le commerce les vigueurs endormies des Pays-Bas[2]. Et encore sous Joseph II, des considérations d'ordre politique entravèrent les tentatives commerciales en Turquie et dans les Indes[3].

En effet, dès l'époque de la Compagnie d'Ostende, la politique extérieure des Habsbourg régnait en maîtresse jusque sur les projets économiques des Pays-Héréditaires[4]. La Pragmatique-Sanction, on le sait, ne fut reconnue par la Hollande et par l'Angleterre que sous la condition du désintéressement déclaré de l'Empereur dans le commerce atlantique[5]. C'est la raison qui fit abandonner à Charles VI ses entreprises maritimes.

---

1. L'abbé Coyer, *La Noblesse commerçante*, Paris 1756, p. 157, 158, cit. par Bonnassieux, p. 432, 433.

2. *Le Temps* du 3 mars 1892. Lettre aux Etudiants de l'Université de Gand, par M. E. Lavisse, cit. par Bonnassieux, p. 433.

3. Beer, n. 86, n. 251.

4. Schneller, II, p. 28. Huisman, *Op. cit.*

5 Zeissberg, p. 153 et suiv.; Bonnassieux, p. 434.

D'après ses propres paroles, les chères et précieuses amitiés anglaise et hollandaise lui permettaient de s'en passer[1].

Le peu d'importance de la côte autrichienne proprement dite ne se voit nulle part mieux confirmée que par ce fait que cette jalousie des nations maritimes n'éclate pas contre les projets méditerranéens de Charles VI[1], et qu'elle ne recommence à s'exercer qu'après l'acquisition du territoire vénitien par les Habsbourg. C'est ce qui doit nous expliquer pourquoi la possession de Venise et de Raguse ne fut pas bien mise à profit[3]. « Le commerce de l'Autriche, » résume ce même auteur[4], « n'atteignit jamais l'importance à laquelle ce pays aurait eu droit si l'on considère ses richesses naturelles et l'étendue de son territoire. Mais ni Naples, ni les Pays-Bas n'ont été utilisés d'une manière satisfaisante. Actuellement encore (1829) les côtes, les rades et les ports adriatiques ne sont pas suffisamment occupés par le commerce dans le Levant et en Egypte... C'est avec mélancolie que l'on constate que le plus grand arsenal maritime de l'Europe et les chantiers immenses de la célèbre Venise ont diminué leur activité jusqu'à un dixième de ce qu'elle avait été et qu'on a dégradé les vaisseaux de ligne de la République en les transformant en frégates de l'Empire... Là-

1. SCHNELLER, II, p. 35.
2. MASSON, *XVIIIe siècle*, p. 392.
3. SCHNELLER, I, p. 99.
4. Id., II, p. 408, 26.

dessus règne un grand mystère qu'on tâche d'expliquer par les relations de l'Autriche avec l'Angleterre... »

Ce n'est que dans la seconde moitié du XIXᵉ siècle que le commerce adriatique de l'Autriche gagna en importance. Mais, jusqu'en 1859, son commerce d'exportation se faisait principalement par l'Allemagne et peu par mer; la Lombardie même a exporté ses produits par la route du Danube[1].

B. *La politique intérieure. (Régime de décentralisation.)*

La situation géographique de l'Autriche au XVIIIᵉ siècle, ses nombreuses possessions pour ainsi dire outre-frontières, enclavées dans des territoires étrangers et parfois ennemis, la faisait participer activement ou passivement à toutes les vicissitudes de la vie économique et politique des pays limitrophes, c'est-à-dire de l'Europe entière. Naturellement, nous la voyons engagée dans toutes les guerres de cette Europe si belliqueuse du XVIIIᵉ siècle. Le morcellement du territoire des Habsbourg, auquel venaient s'ajouter l'embarras de questions dynastiques ou plutôt familiales, les fluctuations constantes et démesurées de leurs possessions territoriales, tout cela nous montre d'énormes contrastes en comparaison des autres

---

1. Noël, III. p. 307 à 314. Cf. Foville, *Les transformations des moyens de transport*, p. 284.

Etats européens, notamment de ceux de la côte atlantique. De bonne heure déjà, la France, l'Espagne, le Portugal, l'Angleterre étaient parvenus à se consolider en de grands Etats nationaux avec tout ce que nous rattachons, pour ce temps-là, à cette notion. L'Autriche, au contraire, ne trouvant ni assez de cohésion entre ses possessions dispersées, ni assez de sentiment de solidarité nationale ou religieuse entre leurs habitants, devait sûrement éprouver plus de difficultés à s'organiser en une unité centralisée.

Mais, chose curieuse, l'exemple de l'étranger sur ce point-ci ne trouvait pas d'imitation chez les Habsbourg, malgré que, de toute évidence, cette différence de constitution et d'administration ait, le plus souvent, rendu l'Autriche militairement inférieure, notamment à la France. « On vit surtout quel avantage un roi absolu, dont les finances sont bien administrées, a sur les autres rois. » Il a fallu que les ennemis de la France employassent « les intrigues, les négociations, pour avoir des troupes et de l'argent, contre un roi qui n'avait qu'à dire : Je veux »[1]. Ainsi, au début du xviiie siècle, les revenus de l'Autriche sont de 12 millions, tandis que ceux de la France atteignent pour la même époque la somme de 140 millions[2].

Très souvent, en effet, le Prince Eugène eut

---

1. VOLTAIRE, *Siècle de Louis XIV*, ch. II et XVI.

2. FISCHEL, p. 145, n. 1 (cit. ARNETH) p. 159. Sur les dépenses comparées des Cours de Paris et de Vienne, voy. OBERLEITNER. p. 169, n. 1.

l'occasion de sentir la différence entre son armée et celle de Louis XIV, qui avait derrière elle les ressources d'un grand État centralisé, d'un grand peuple uni[1]. L'armée autrichienne manquait d'argent et de vivres, et les soldats qui désertaient le drapeau parce qu'ils n'avaient rien à manger n'étaient pas des cas exceptionnels[2] Comme l'indique une lettre du Prince Eugène de 1703 : « Si, dans le cas de la plus haute détresse de la monarchie et pour la sauver d'un péril imminent, on ne demandait en hâte que 50.000 florins ou encore moins, on serait réduit à assister à sa chute sans pouvoir la défendre[3]. » Sous Léopold Ier, on ne connaissait pas le nombre et le montant des dettes[4]. La cour aussi vivait à l'aide d'expédients[5], et il est même arrivé qu'on ne parvenait pas à se procurer les frais de voyage des courriers impériaux[6]. A la fin du xviie siècle, la Chambre Aulique ne pouvait faire des emprunts qu'à 12-20 % d'intérêt et à courte échéance[7].

Or, n'oublions pas que l'état désastreux des finances a été aussi une des causes particulières de la non-réussite des entreprises économiques sous Charles VI[8]. C'est pour cela que l'infatigable Schierendorff, un économiste du commencement

1. FISCHEL, p. 139, 150.
2. MAILATH, IV, p. 394 et suiv. (Lettre du Prince Eugène), p. 326.
3. LUSCHIN, II, p. 482.
4. Id., p. 481 ; KALTENBAECK, p 2.
5. BIDERMANN, p. 347.
6. LUSCHIN, II, p. 481.
7. BIDERMANN, p. 349, 415.
8. FISCHEL, p. 246 ; BREN, p. 4. Cf. SCHULTZE-GAEVERNITZ, p. 449, 450.

du xviiiᵉ siècle, tout aussi bien que le Prince Eugène, ne voyaient le salut que dans la centralisation des Pays-Héréditaires. « La disette de numéraire de la monarchie n'est que le résultat de son impuissance politique[1]. » En effet, les Pays-Bas, la Hongrie, Naples, la Sicile et le Milanais n'étaient qu'une charge financière pour l'Autriche[2].

Nous ne citons ces conséquences financières de la décentralisation ou plutôt de la désorganisation des Etats habsbourgeois que parce qu'elles étaient des plus sensibles et parce que logiquement, à elles seules, elles auraient dû, déjà pour des raisons militaires, inviter l'Autriche à affermir sa puissance sur le modèle des autres Etats européens[3].

Mais, à cette occasion se montre la différence la plus saillante entre les conditions d'existence de l'Autriche et celles de ces Etats. La Maison d'Autriche, âpre à s'acquérir de nouveaux territoires, loin de se soucier de leur centralisation et de leur consolidation, voulait au contraire en empêcher l'union même passagère. La cause en résidait dans la défiance de la dynastie à l'égard de l'union des Etats provinciaux, défiance qui datait des mauvaises expériences faites au commencement du xviiᵉ siècle (1609, 1618) par suite des alliances révolutionnaires des Pays contre

1. Cf. Fischel, p. 159 et suiv.
2. Sorel, *Recueil des instructions...*, p. 15, 208.
3. Cf. Schmoller, *Umrisse*, ch. III, et Schultze-Gakvernitz, p. 444.

l'Empereur[1]. « Ces fédérations sont un fait d'autant plus remarquables qu'elles tâchaient de réaliser la base idéale d'un Etat, avant même que les Habsbourg eussent conçu l'idée de regarder leurs possessions comme une unité indissoluble[2]. »

En 1712 encore, Charles VI refusa le projet que lui soumettaient la Croatie et la Slavonie de s'unir avec les autres provinces des Habsbourg dans le but d'une meilleure défense contre le péril turc. L'Empereur trouva ces propositions inacceptables, craignant sans doute un accroissement du pouvoir des Etats provinciaux aux dépens des « tendances absolutistes de la cour de Vienne[3] ». Aussi, dès que le problème de la succession se posa, Charles fut obligé de faire adopter la Pragmatique-Sanction par les Etats provinciaux, séparément pour chaque pays[4].

Or, nous savons que la vigueur politique de l'Etat a aussi été un des desiderata du programme mercantiliste[5]. En Autriche, au contraire, l'autonomie des provinces étouffait le germe de toute considération utile aux besoins de l'ensemble ; l'absence d'une union douanière entre ces provinces empêcha le développement de cette Economie nationale qui caractérise le mercantilisme.

Cela ne changea pas même après la loi qui éta-

---

1. Fischel, p. 170.
2. Zeissberg, p. 92.
3. Id., p. 152.
4. Fischel, p. 140, 161, 180.
5. Oncken, p. 151, 153. Cf. p. 262, Schmoller, *Merk*, p. 43, 48, 58 ; Dubois, p. 134.

blissait la succession commune au trône. Puisque
« dès que la Pragmatique-Sanction eut été adoptée
par tous les Pays-Héréditaires, son acceptation
par l'Europe devint la pierre angulaire de la politique autrichienne, qui, comme hypnotisée, ne
concentrait son attention que sur ce point exclusivement, en négligeant par contre-coup d'autres
intérêts, fussent-ils les plus importants[1] ». L'union
politique des pays autrichiens, provoquée en première ligne par le péril turc, soutenue et mise en
valeur par un besoin momentané de la dynastie,
cette union ne devint donc pas le point de départ
d'une politique économique intérieure organisée
et centralisée[2]. En 1748 encore, on n'était arrivé
qu'à l'union la plus superficielle des provinces[3].

Presque chaque province formait un territoire
économique fermé[4]. Il va donc sans dire que ce qui,
parmi les mesures gouvernementales, convenait à
une province ou à une partie des Pays-Héréditaires, arrivait parfois à léser les intérêts vitaux
d'une autre. Par exemple, les faveurs accordées à
Trieste et à Fiume furent mal vues par le Tyrol,
qui devait craindre pour son commerce de transit
entre l'Allemagne du Sud et l'Italie[5]. D'un autre
côté, le commerce d'exportation des provinces
industrielles du Nord convergeait vers Hambourg
plutôt que vers Trieste[6]. Le rôle de Venise à

1. Fischel, p. 247.
2. Id., p. 139 ; Zeissberg, p. 152.
3. Schmoller, *Merk*, p. 46.
4. Beer, p. 3.
5. Mayer, p. 58 ; Beer, p. 51 et suiv.
6. Beer, p. 53.

l'égard du Tyrol et des *Vorlande*, celui de Hambourg, pour la Bohême, c'était Nice et Gênes qui le remplissaient à l'égard des provinces italiennes de l'Autriche[1].

A côté de ce particularisme nécessité en partie par la situation géographique des diverses provinces, des entraves de toute sorte empêchèrent les relations inter-provinciales. Sous Marie-Thérèse l'Autriche contenait six territoires douaniers indépendants. Le commerce entre l'Autriche et la Hongrie était grevé de tant de charges qu'il était plus favorable de trafiquer avec l'étranger qu'entre ces deux pays frères et voisins ; le transit même des produits hongrois était soumis à d'énormes charges. Ce n'est qu'en 1781 qu'on proposa la suppression des douanes entre lesdits pays[2]. Entre les provinces italiennes et les autres pays autrichiens il n'y avait pas de commerce direct, ni par terre ni par mer, ce qui, à cause des douanes, favorisait le commerce des premières avec les pays voisins mais étrangers[3]. Ce fut au temps de Charles VI que le commerce des *Stammlande* avec les provinces néerlandaises fut le plus intense. Sous Marie-Thérèse on commença à trouver pénibles l'importance et la prépondérance économiques des Pays-Bas. On comprit que l'industrie dans les Pays-Héréditaires allemands pourrait

1. Beer, p. 5o et 65.
2. Id., p. 13, 15, 16, 19, 132, n. 37 : p. 134, 135, n. 38, 39, 42.
3. Id., p. 61, 138, n. 54.

être d'un grand secours à l'Etat, mais on était en même temps persuadé que jamais elle ne pourrait prendre un développement sérieux tant qu'elle aurait à lutter contre la concurrence belge. Le résultat en fut que, dès 1748, on soumit à de lourdes charges quelques produits néerlandais et qu'on interdit complètement l'importation des autres. Après 1763, d'autres prohibitions furent mises en vigueur[1]. — Parmi les provinces autrichiennes, le Tyrol et les *Vorlande* formaient un autre groupe à part. Ces pays géographiquement et économiquement isolés, comme nous le constatons tout à l'heure, se distinguèrent au surplus par la singulière autonomie que leur accordait ou imposait la politique intérieure des Habsbourg. Tout comme au commencement du siècle, telle resta encore sous Marie-Thérèse la position privilégiée du Tyrol[2]. Le Tyrol et les *Vorlande* étaient traités comme des pays étrangers (et pourtant ici le raisonnement appliqué vis-à-vis des Pays-Bas ne tenait pas debout) ; les Pays-Bas, le Milanais, la Toscane même recevaient, à ce point de vue, un meilleur traitement[3].

Donc l'Autriche maintenait ou plutôt renforçait encore artificiellement les différences déjà par trop grandes qui existaient entre ses diverses provinces. Jusque dans sa politique monétaire, cette fâcheuse tendance se donna libre carrière.

1. SCHWEIGHOFER, p. 247, 248, 250.
2. Cf. FISCHEL, p. 175; BEER, p. 20; SCHNELLER, t. II, p. 112.
3. BEER, p. 57, et n. 130. Cf. p. 67.

Il est en effet curieux que, pour sortir de l'Autriche, le thaler avait la permission de traverser quelques-uns des *Erblande*, tandis que le passage à travers d'autres lui était interdit. Ainsi le contrat de 1766 établit dans son article 11 le singulier groupement des Pays-Héréditaires en *Erblande* de Bohême, d'Autriche, de Hongrie et de Transylvanie d'où les thalers devaient s'exporter directement en Turquie, tandis que les *Vorlande* et le Comté de Tyrol formaient un groupe à part d'où ces monnaies ne pouvaient être expédiées en Italie et dans d'autres pays étrangers, que directement, c'est-à-dire sans jamais traverser, même avec des permissions de sortie, les autres Pays-Héréditaires impériaux et royaux[1]. D'autre part, la Compagnie d'Augsbourg signa en 1769 un contrat dont l'article IV l'obligeait à ne jamais exporter de thalers à travers la Hongrie ou les Pays-Héréditaires allemands ; inversement la Chambre Aulique *in monetariis et montanisticis* lui assura (article 11) le maintien en vigueur de l'article 11 précité[2]. Rappelons ensuite les hésitations de la Cour de Vienne avant de conférer en 1787 à la Monnaie de Milan le droit de frapper des thalers à l'effigie de Marie-Thérèse[3]. Remarquons enfin à cette occa-

---

1. « .... gesammte k.k. böhmische, österreichische, hungarische und Siebenbürger Erblande (mit Ansnahme der österreichischen Vorlande und der Grafschaft Tirol, von wannen zwar die Thaler directe nach Italien und in andere fremde, jedoch nicht durch die übrige k.k. Erblande, auch nicht einmal mit Pässen sollen versendet werden können. » (Peez et Raudnitz, p. 49, n° 11.)

2. Cf. Peez et Raudnitz, p. 49, n° 11 ; 51, n° 1, 4 ; 52, n° 11.

3. Id., p. 71.

sion que, pour les possessions néerlandaises, on
frappait spécialement des monnaies dont le titre
et la forme différaient des autres monnaies autrichiennes[1].

Etant données ces mesures de décentralisation
ou plutôt de désorganisation économique et politique, il n'y a pas lieu de s'étonner de ce qu'en
revanche certaines provinces ne participaient pas
aux diverses charges de l'ensemble. Ainsi en 1773
encore, les Pays-Bas, les provinces italiennes, les
Vorlande, la Hongrie n'étaient pas comprises régu-
lièrement dans l'organisation militaire[2]. Mais ce
qui frappera davantage notre curiosité, c'est
d'apprendre que le papier-monnaie *(Bankzettel)*
de Marie-Thérèse avait toutes les difficultés à se
répandre en Hongrie et dans le Tyrol[3].

* * *

Le reflet fidèle de la désorganisation politique
et économique des Pays-Héréditaires se retrouve
dans le corps des fonctionnaires. Nous avons
même un intérêt particulier à aborder ce sujet,
parce que le système mercantiliste trouvait justement aussi bien son expression que sa force exé-

1. SHAW, p. 312.
2. SCHNELLER, II, p. 111.
3. SCHWEIGHOFER, p. 113. La première émission en date de 1762 (BAMBER-
GER, p. 160-161).

.cutoire dans des fonctionnaires dévoués à la cause de l'Etat[1].

Si, à peu de chose près, la Raison d'Etat, en tant qu'intérêt pour l'ensemble, manquait à l'Autriche, les fonctionnaires dévoués à l'intégralité et à l'intérêt commun des Pays-Héréditaires étaient, à plus forte raison, une exception. Schierendorff sentait déjà que l'absence d'une autorité centrale et d'un ministre ou chancelier « universaliste », commun à toutes les provinces, était un des obstacles les plus sérieux à la réalisation de ses projets[2]. En effet, jusqu'à l'ère de Marie-Thérèse, il n'exista pas d'administration unifiée en matière politique, judiciaire et financière. Il n'y avait que le Conseil Aulique de la guerre, le *Hofkriegsrat*, dont les branches administratives englobassent tous les *Erblande*.

L'administration des finances, au contraire, est un exemple éclatant de la singulière organisation administrative de ces pays. Voici d'abord le groupe comprenant la Bohême, la Moravie, la Silésie, les deux Autriches et le Tyrol qui était administré par la Chambre Aulique; mais, par contre, la Styrie, la Carinthie et la Carniole d'un côté, la Hongrie de l'autre, avaient leurs Finances à part. Et cependant la Chambre Aulique étendait encore sa sphère d'activité sur partie de l'Empire et de l'Italie, partout « où le nom de

1. DAMASCHKE, p. 113. Cf. SCHMOLLER, *Umrisse*, ch. V.
2. FISCHEL, p. 201.

4

l'empereur était respecté ». C'était, disait Wolf[1], « une institution particulièrement autrichienne, mais en même temps un organe du Saint-Empire ».

A cette désorganisation géographique, ajoutons celle des compétences qui, n'étant jamais assez délimitées par la loi, se transformaient forcément en des questions personnelles. La règle de conduite des autorités les unes vis-à-vis des autres, était l'animosité personnelle. Çà et là, mais rarement, l'intérêt général servait de motif à leurs décisions. Mais dès qu'une de ces autorités se croyait lésée dans sa compétence par un projet ou le fait d'une autre, ses membres prenaient le prétendu empiètement sur leur terrain administratif pour un outrage personnel. Même si ce projet ou cet acte était éminemment utile à l'Etat, on ne l'en combattait pas moins à outrance[1]. Bidermann, l'historien de la Banque municipale de Vienne, qui nous donne ces indications, a pour le faire des raisons toutes spéciales, mais qui ne sont pas moins décisives pour notre argumentation. Cette Banque municipale qui, à un moment (1724), est même arrivée à faire disparaître le déficit chronique des finances autrichiennes[2], avait eu pendant de longues années à lutter contre... la Chambre Aulique qui se jugeait la seule apte,

1. *Op. cit.*, p. 443.
2. Bidermann, p. 389, 390, 439, 440.
3. Mensi, p. 39; Luschin, II, p. 523.

digne et autorisée pour assumer le rôle que la Banque remplissait si bien. Cette rivalité, cette haine de la part de l'autorité financière suprême, est le fil conducteur qui nous conduit tristement à travers l'histoire entière de la *Wiener Stadt-bank*[1]. C'est ainsi, par exemple, que le crédit accordé à la Banque augmentait aussitôt que ses directeurs paraissaient assez indépendants et assez forts pour contrebalancer cette influence désastreuse de l'autorité centrale[2].

Pour être classique, cet exemple n'est cependant pas isolé. Chacune des entreprises de Charles VI marqua une phase de ces dissensions entre les autorités. Pour l'emporter définitivement, tel office commit des actes illégaux, pourvu que l'entreprise d'un « fonctionnaire rival » échouât. Et même sous Marie-Thérèse on n'était pas encore complètement sorti de cette bourbe[3].

Il va sans dire que si, d'une part, sous Marie-Thérèse, l'administration fut plus sérieusement organisée, d'un autre côté les changements fréquents des ressorts, les suppressions et rétablissements répétés auxquels ces fonctions publiques furent exposées de 1748 à 1802[4], les empêchèrent de s'intéresser à leur tâche et de se former une expérience qui aurait pu servir la cause publique. Comme Charles VI qui, une fois, a dû désavouer

<hr>

1. Cf. BIDERMANN, p. 354, 384, 389, 309.
2. Id., p. 438, 443, 303.
3. Cf. FISCHEL, p. 176; MAYER, p. 61, 57; BRER, p. 107. Cf. SOREL, *Recueil des instructions*, p. 228, 229; BIDERMAN, p. 443.
4. WOLF, p. 449; MENSI, p. 40; BIDERMANN, p. 438.

son propre fisc[1], Marie-Thérèse eut l'occasion de
se convaincre combien ses conseillers et ses fonctionnaires avaient peu de capacité ou de bonne
volonté pour servir les intérêts de l'Etat. L'Impératrice avait exprimé le désir que son Conseil du
commerce correspondît non seulement avec les
consuls, mais aussi avec des commerçants étrangers, pour obtenir des renseignements précis sur
le commerce et ses vicissitudes. Le Conseil s'y
opposa résolument : il existe, disait-il, une correspondance de cette nature faite par des employés subalternes, et d'ailleurs pour un conseiller elle ne semble pas une assez honnête occupation[2].

Nous comprenons maintenant pourquoi on con-
çut le projet d'installer dans le Levant et dans
les ports méditerranéens en général, des consu-
lats autrichiens communs avec ceux de la Toscane ; nous savons alors pourquoi, en 1783, un
ministre ou résident néerlandais dut être envoyé
dans les Etats-Unis d'Amérique pour y représen-
ter les intérêts du commerce de tous les Pays-
Héréditaires[3].

Ce sont là des faits assez éloquents pour qu'il
soit inutile d'insister davantage sur les particularités de l'administration comme sur tout le reste
de la vie économique et politique de l'Autriche.

1. BIDERMANN, p. 349, 415.
2. « ... nicht recht anständig. » (BRAN, p. 48.)
3. Id., p. 42, n. 278, p. 200.

C. *L'infériorité économique de la population.*

« Les idées mercantilistes ne peuvent avoir leur origine immédiate que dans la conscience et les conceptions populaires », nous dit-on[1].

La résistance constante qu'opposait la population aux essais mercantilistes du gouvernement autrichien nous expliquerait donc aussi la raison pour laquelle ce mouvement économique n'existait pas en Autriche. Déjà sous Léopold Ier, on en put constater les effets[2]. Sous Charles VI également, « l'industrie fut exclusivement due aux mesures gouvernementales et fut créée malgré la résistance de la population[3] ». La population n'avait pas de confiance en son propre savoir; seuls les produits étrangers étaient regardés comme bons, les articles indigènes étaient dédaignés[4]. A la Cour même, ces préjugés n'étaient pas inconnus; ainsi l'archiduchesse Marie-Thérèse, la future impératrice, achetait ses vêtements et ses articles de toilette à Londres[5].

Au xviie siècle, on énonçait cette opinion que la population autrichienne n'avait pas assez d'habileté pour l'industrie[6]. Ce préjugé fut maintenu

1. Dubois, p. 103, *HWB.* V. art. *Merk*, p. 751. Schmoller, *Merk*, p, 13. Cf.
Masson, *XVIIIe siècle*, p. 13, 14, 31.
2. Mayer, p. 2.
3. Luschin, II, p. 491, 500; Mayer, p. 122.
4. Luschin, II, p. 488; Bidermann, p. 133.
5. Bidermann, p. 398.
6. Mayer, p 20; Schweighofer, p. 148.

pendant des dizaines d'années parce qu'il servait les intérêts de toute une classe de la population, celle des commerçants importateurs de produits étrangers. En effet, nous savons qu'en toute circonstance les négociants étaient les principaux adversaires des manufactures indigènes. La plupart d'entre eux tâchaient de faire venir en contrebande les denrées qu'ils n'avaient pas le droit d'importer en vertu de la politique commerciale nouvellement adoptée, et contre laquelle d'ailleurs l'ensemble des marchands viennois protesta en 1729[1]. En 1772 encore, le commerce déclarait donner la préférence aux manufactures étrangères.

Mais ces commerçants remplissent-ils au moins leur devoir mieux que l'administration et mieux que l'industrie qu'ils décriaient, et dont nous avons pu constater l'infériorité en comparaison de l'étranger ? Voici ce qu'une opinion de la seconde moitié du xviiie siècle nous rapporte sur ce point : « Les négociants autrichiens n'ont ni le génie, ni l'esprit du commerce. Ceux qui s'y adonnent exercent leur profession parce qu'ils en ont les moyens, mais ils ignorent le jeu de la spéculation. On n'en sera point surpris si l'on considère qu'on ne rencontre, chez les négociants autrichiens, pas même l'ombre de cette concurrence et de cette rivalité qui font agir ailleurs les ressorts

---

1. MAYER, p. 56, 38, 55 ; BEER, p. 126 et suiv., n. 14.

de l'industrie. On ne sera pas surpris non plus
de ce défaut de concurrence et de rivalité quand
on remarque qu'il s'en faut de beaucoup que le
nombre des négociants soit en proportion de l'é-
tendue du commerce passif et actif de l'Autriche[1] ». Les commerçants indigènes n'étaient donc
pas supérieurs aux industriels.

Etant donnée l'incapacité ou la mauvaise volonté des commerçants autrichiens, la majeure
partie du mouvement commercial à l'intérieur se
trouvait entre les mains de négociants étrangers,
tout aussi bien que les relations avec l'extérieur[2].
Les Autrichiens ne prenaient pas directement part
au commerce avec la Turquie; il fut monopolisé
par les Grecs[3]. En 1760 et dans les années suivantes, c'étaient la Saxe et la Silésie prussienne[4]
qui régnaient en maîtresses sur le marché de
Trieste. Le baron de Friess, qui avait sollicité et
obtenu le privilège du commerce des thalers, était
Suisse[5]. Tout comme à la Compagnie d'Ostende,
c'était encore des étrangers qui pour le plus grand
nombre prenaient part aux entreprises commerciales de Joseph II[6]. « Car on ne pourrait espérer
que très peu de succès des connaissances et de
l'habileté des commerçants indigènes, » dit le
prince de Kaunitz en 1779[7].

1. BEER, p. 144, 145, n. 77. Cf. SCHULTZE-GAEVERNITZ, p. 460, 469.
2. BEER, p. 30, 33.
3. Id., p 80, 82, 84. MASSON, XVIII° siècle, p. 394, 395.
4. BEER, p. 40.
5 Id., p. 32.
6. BONNASSIEUX, p. 429, 431.
7. BEER, p. 108.

Quelles peuvent avoir été les causes de cette infériorité de la population des Pays-Héréditaires ? Les conséquences économiques funestes que la France dut subir après la révocation de l'Edit de Nantes, la Maison d'Autriche, avec son catholicisme fervent et intransigeant, en souffrait en permanence. La guerre de Trente ans et la Contre-réforme s'accordèrent pour étouffer les germes de tout progrès économique[1]. Au commencement du XVIII° siècle encore, on réclamait vainement pour les dissidents la permission d'immigrer, permission qui devait avoir pour but l'amélioration de l'état du commerce, des manufactures, des mines, la canalisation des fleuves et autres avantages économiques[2]. Ce n'était que dans le même but que Schierendorff réclamait la tolérance religieuse, la séparation de l'Eglise et de l'Etat. C'est pour cela qu'il combattait l'accumulation de la fortune du peuple dans la main-morte[3].

Ces revendications restaient inaperçues, tandis que l'Angleterre, le Brandebourg, la Hollande, la Suisse, le Danemark et même la Russie avaient déjà profité de la révocation de l'Edit de Nantes pour attirer à l'intérieur de leurs frontières des populations industrieuses et travailleuses en offrant un asile aux réfugiés protestants[4]. Même Marie-

---

1. Luschin, II, p. 484. Cf. Damaschke, p. 84 et suiv., sur l'influence salutaire qu'a eue le protestantisme, surtout sous sa forme calviniste, sur l'évolution économiq   'es xvi° et xvii° siècles.
2. Fischel, p. 178, 18.   et suiv., 187, 188.
3. Id., p. 255, 185.
4. Noel, II, p. 256, 257 ; Damaschke, p. 124.

Thérèse n'était pas mieux disposée que ses prédécesseurs en ce qui concernait les non-catholiques. Pendant son règne, mainte famille luthérienne fut obligée de quitter sa patrie[1]. Ce n'est qu'à Joseph II qu'on doit l'édit de tolérance *(Toleranzpatent)* de 1781. « Des raisons politiques et économiques expliquent ces mesures complétement différentes de celles de ses ancêtres ». Des protestants étrangers furent invités à immigrer en Autriche pour favoriser l'agriculture et l'industrie[2].

*
* *

Pour une autre raison encore, il n'y a pas lieu de nous étonner de cette infériorité de la population de l'Autriche qui restait sourde et sans entendement même pour les entreprises introduites déjà et dirigées par des étrangers[3]. La décadence de la vie urbaine après la guerre de Trente ans, jointe aux autres conséquences économiques funestes de la Contre-réforme, a certainement fait reculer l'Autriche dans une large mesure vers l'économie-nature *(Naturalwirtschaft)*, dont voici quelques exemples : L'état déplorable des routes ou leur absence complète même aux environs de Vienne constituait, au commencement du règne de Charles VI, l'obstacle primordial au dévelop-

---

1. ZEISSBERG, p. 191.
2. Id., p. 188, 190 à 192 ; SCHNELLER, II, p. 225.
3. Cf. SCHWEIGHOFER, p. 387.

pement des échanges inter-locaux[1]. C'est en vain
que Schierendorff réclame l'abolition des corvées
et leur remplacement par des contributions en
argent; en vain aussi il s'efforce de démontrer les
préjudices causés par les paiements en nature[2].
« Tandis qu'on emploie les produits de l'agriculture et de l'élevage pour payer les importations
de manufactures étrangères, la *materia circula-
tionis*, au lieu d'être utilisée, chôme dans le sein
du sol[3] ».

En effet, tout comme dans l'Est européen, les
tentatives mercantilistes montraient en Autriche
aussi cette singularité d'avoir comme points d'appui et de départ les vieilles Economies doma-
niales, dont elles conservèrent l'organisation du
travail et sa rémunération. C'est ce qui nous explique pourquoi, en Russie comme en Autriche,
la noblesse et le haut-clergé purent, à un moment donné, monopoliser l'industrie et le commerce[4].

La Silésie, jadis la province la plus industrielle
des Pays-Héréditaires et dont l'annexion par la
Prusse eut pour longtemps son contre-coup fâ-
cheux dans la vie économique des *Stammlande*[5],
la Silésie, modèle pour l'Europe centrale, était à
son tour économiquement inférieure à l'Europe

1. BIDERMANN, p. 372, 373, 428; FISCHEL, p. 148.
2. FISCHEL, p. 143, 218.
3. Id., p. 197.
4. SCHULTZE-GAEVERNITZ, p. 440, 450 et suiv.; FISCHEL, p. 147.
5. ZEISSBERG, p. 196 et suiv.; BEER, p. 25, 29 et suiv., 55, 56. Cf. Id., p. 74.

occidentale[1]. Le progrès économique basé sur
l'organisation féodale du travail n'était par lui-
même que peu capable de franchir les limites de
la *Naturalwirtschaft* dont il était la manifestation
la dernière et la plus élevée.

1. SCHULTZE-GAEVERNITZ, p. 455, 456, n. 1.

CHAPITRE IV

Aperçu des Doctrines.

———

L'originalité des données géographiques et de la constitution politique des Pays-Héréditaires a suscité une série d'économistes dont les conceptions sur le progrès économique diffèrent, elles aussi, essentiellement des théories mises en pratique par les Etats mercantilistes. Sans entrer dans des détails trop connus, nous pouvons néanmoins constater que chaque fois que les historiens de cette période économique notent une particularité de son développement, nous pouvons nous attendre à des exemples empruntés aux écrivains autrichiens[1]. Voici avant tout la théorie de la balance du commerce intérieur qui, en Autriche, était sans doute la conséquence de l'incohérence des provinces. Soutenue dès le xviie siècle par Hoernigk et Becher, continuée au commencement du xviiie siècle par Schierendorff[2], cette théorie a

———

1. Cf. Oncken, p. 231.
2. Fischel, p. 236 et suiv.

encore en 1786 besoin d'être défendue et large-
ment motivée par Schweighofer[1]. N'oublions pas
qu'elle est déjà l'indice de la période de transition
vers la physiocratie[2]. — Ensuite on nous mentionne
une série de mercantilistes continentaux[3] qui
voulaient voir sauvegardés les intérêts de l'agriculture dans l'ensemble de l'activité économique.
Ici encore nous trouvons comme seuls exemples
les noms de trois mercantilistes autrichiens du
xviie siècle, Becher, Hoernigk, Schroeder[4]. Schierendorff veut même qu'on favorise l'agriculture
avant tout[5], idée qui, en France par exemple, ne
se faisait jour que parmi les précurseurs des phy-
siocrates au milieu du xviiie siècle[6]. C'est d'ailleurs surtout Schierendorff qui, dès avant les phy-
siocrates et en précurseur de Vauban, élaborait
un projet d'Impôt Unique (1704). La principale
différence entre Schierendorff et Vauban consiste
en ce que ce dernier se place au point de vue de
l'absolutisme royal parfait, tandis que l'Autrichien
tient forcément compte de la puissance des Etats
provinciaux[7].

Cet économiste combat aussi les monopoles
dans les manufactures et le commerce. « C'est une
erreur de croire que le commerce ne puisse se dé-

---

1. Schweighofer, p. 140 et suiv.
2. Cf. Oncken, p. 266, et Dionnet, p. 103.
3. Car, en Angleterre, cette théorie avait depuis longtemps des partisans
parmi les écrivains économistes.
4. Biedermann, *Merkant*, p. 12, 11 ; Held, p. 24.
5. Fischel, p. 215, 216.
6. Dubois, p. 242, n. 4.
7. Fischel, p. 211, 225, 226.

velopper que dans les républiques, mais ce qui est certain c'est que le commerce a besoin d'une autonomie, d'une administration et surtout d'une juridiction quasi républicaines. » ... Les fonctions de l'Etat dans les affaires commerciales et industrielles doivent être restreintes le plus possible. Le gouvernement ne doit y collaborer que par sa politique douanière; mais en aucun cas l'argent du fisc ne devrait être employé pour la création de compagnies [1].

Nous n'avons pas besoin d'insister longtemps sur l'insuccès de ces théories aussi bien dans leur partie vraiment mercantiliste que dans leurs déviations [2]. Tout ce qui précède nous l'indique. Elles allèrent trop loin. Elles voulaient faire de l'Autriche un Etat un et centralisé économiquement avant que les conditions politiques l'eussent permis. (C'est dans le livre de Hoernigk « *Œsterreich über alles, wenn es nur will* » [1684, 13ᵉ éd. 1784] qu'apparaît pour la première fois le nom d'Autriche pour désigner l'ensemble des pays Habsbourgeois [3]). Or, on était tellement loin de cet idéal que, sous Marie-Thérèse encore, l'éclosion de théories économiques soutenant le système des provinces privilégiées eut pour but et pour conséquence, comme nous le disions plus haut, la décentralisation économique.

---

1. Id., p. 216, 234. Sur les caractères essentiels de la physiocratie, cf. ONCKEN, 2ᵉ livre; DAMASCHKE, p. 151, 162.
2. FISCHEL, p. 227; MAYER, p. 11, 25; LUSCHIN, II, p. 491.
3. MAYER, p. 16, 25.

Ici nous remarquons que quelques doctrines mercantilistes furent appliquées dans une partie des Pays-Héréditaires vis-à-vis d'autres provinces autrichiennes. C'est à ce moment-là qu'on décida que les relations commerciales entre les provinces ne devraient être favorisées que peu à peu et dans le cas seulement où ces relations promettraient d'être avantageuses aux deux parties en cause. Mais, par contre, là où ces relations n'auraient pour effet que d'assurer à une des provinces la prépondérance économique et la plus forte balance du commerce, cette province économiquement la plus forte devrait être regardée comme pays étranger par rapport aux autres.

Constatons d'ailleurs combien cette politique était au besoin contradictoire, quand il s'agissait, au contraire, des provinces économiquement plus faibles encore que la partie de l'Autriche qui réclamait si haut son droit d'être protégée contre les Pays-Bas[1]. C'est à ces occasions qu'on considérait en première ligne les « parties essentielles et les intérêts vitaux » de l' « empire » (1768) et lorsqu'à cette époque on proposait l'abolition ou une restriction des douanes surtout entre les Pays-Bas et les *Stammlande,* on se défendait à Vienne contre ces propositions qui auraient eu l'air de « cadeaux sans récompense »[2]. Vainement le prince de Kaunitz voulait faire comprendre au Conseil du Com-

---

1. Cf. les exemples dans BEER, p. 45, 15.
2. On parlait de « *schädliche Freigebigkeiten gegen andere provincien.* » (BEER, p. 70, n. 161.)

merce qu'il ne s'agissait nullement de mettre sur le pied d'égalité les Pays-Bas avec les provinces centrales, mais que le but de ces propositions était exclusivement de faire gagner aux premiers un avantage sur les États étrangers[1].

Toutefois, parallèlement à ces faits, sous l'influence des vieux économistes et sous celle des idées provenant de l'étranger, notamment de la France et de l'Angleterre, un courant anti-monopoliste et libre-échangiste continuait à se développer. (Dès l'année 1760 des voyages d'études économiques furent organisés par ordre du gouvernement de Vienne)[2]. Les nouvelles théories trouvèrent leur principal représentant dans le comte de Zinzendorf[3]. « Ce n'est que le monopole, qui a causé la ruine de la Compagnie d'Ostende », dit-il ; et en 1771 il soutient un projet concernant l'ouverture d'un commerce entre l'Autriche et les Indes et la Chine sous la condition que ce commerce serait exercé librement. C'est encore Zinzendorf qui, en 1781, plaide pour la suppression des douanes entre l'Autriche et la Hongrie et en 1783 pour la liberté du commerce en général et celle des fonctions de banque en particulier[4].

Cette fois-ci cependant ces idées trouvèrent meilleur accueil qu'au commencement du siècle.

1. BEER, p. 70, 72.
2. Id., n. 105.
3. Id., p. 73, 74, 113, 120, *Lexikon*, tome LX.
4. BEER, p. 102, 19, 151.

Appliquées dans un cadre plus étroit à Trieste, dont Zinzendorf fut gouverneur (1776 à 1782), elles furent mises en pratique à Vienne, par exemple dans la permission d'exporter librement par mer des blés autrichiens et hongrois. D'ailleurs en 1769 déjà, le commerce avec l'Egypte, tout en restant subventionné, avait été déclaré libre[1].

Quant à Joseph II dont nous connaissons déjà l'opinion sur cette matière, il adopta la théorie de Quesnay et de Turgot qui regardaient la terre comme l'unique source de la richesse nationale. C'est par là que s'expliquent les soins qu'il apportait à la question agraire. Le principe des contributions égales et générales fut mis en pratique par lui le premier et avant la Révolution française[2]. Joseph II était physiocrate. Et si dans sa politique industrielle bien déterminée il suivit le conseil de Sonnenfels, qui, il est vrai, n'appartient pas à l'école physiocratique, n'oublions pas que celui-ci combat néanmoins tous les monopoles, qu'il s'approche déjà de la liberté industrielle et que, en matière de douanes, il ne demande que des douanes protectrices[3]. Ce n'est pas sans raison que Roscher le qualifiait d'éclectique absolutiste[4]. En effet, Sonnenfels représente déjà l'assimilation des idées mercantilistes

1. BRBR, p. 40, n. 65, n. 212.
2. ZEISSBERG, p. 188.
3. ONCKEN, p. 421, *H. W. B.* 2ᵉ édition, VI, p. 765; HELD, § 17, p. 59 et suiv.
4. « *Absolutistischer Eklektiker* » dans *Gesch. der Nationalökonomie*, p. 536.

aux expériences que les progrès de la vie économique et politique avaient permis de faire au cours du XVIIIe siècle [1]. Pour mieux comprendre ce que nous venons de constater, rappelons-nous que la Prusse (comme d'ailleurs la plupart des autres Etats) s'obstina encore à la fin du règne de Frédéric II à maintenir jusque dans les détails les rigueurs du mercantilisme [2].

De cette prédisposition, pour ainsi dire, que montrait l'Autriche pour les principes physiocratiques plutôt que pour ceux des mercantilistes, ne pourrions-nous pas tout simplement tirer des conclusions expliquant ce qu'il y avait de particulier dans la politique monétaire qui aboutit au négoce des thalers? Mais la période du pseudo-mercantilisme autrichien ne coïncide-t-elle pas précisément avec la période la plus remarquable de l'histoire du thaler de Marie-Thérèse! — Cette coïncidence ne fait que mieux ressortir d'une part l'originalité de ce peu de mercantilisme, et d'un autre côté elle nous fait soupçonner l'indépendance du développement de la notion de monnaie-marchandise. Car quoique en 1752 on combattit encore le projet d'un trafic organisé du numéraire, ce fut une opinion diamétralement contraire qui l'emporta, et, au surplus, jamais, durant le demi-siécle qui suivit, aucune résistance de principe ne s'est plus opposée au commerce des monnaies. Nous allons

1. *HWB*, 2ᵉ édition, V, p. 756.
2. Roscher, p. 469, 470.

voir qu'au contraire ce négoce d'espèces a pu
contribuer à son tour à la formation d'opinions
non-mercantilistes aussi bien en matière économique en général qu'en matière monétaire en particulier [1]. Pour mieux faire ressortir l'originalité du
point de vue autrichien, nous publions ci-contre
un résumé de ce point de vue en face des notes
de M. Masson sur les opinions correspondantes
en France et en Angleterre.

Voilà comment raisonne (en mars 1752) la direction de la Monnaie et des mines au sujet du trafic des thalers : 1° la monnaie n'est pas pas une marchandise ; 2° dans les pays où l'on connaît de véritables principes monétaires un agio d'une espèce nationale contre une autre ne peut donc pas avoir lieu ; 3° il faut garantir le maintien en circulation de l'argent plutôt que de l'or ; 4° l'agio en question faciliterait des pratiques usuraires dans le commerce de la monnaie d'argent ; 5° un négoce pareil pourrait être désavanta-

« La Compagnie royale française d'Afrique, pour suppléer à la disette des piastres espagnoles, formule ainsi une réclamation en 1741 : « Il faut que le roi permette à la Compagnie de faire battre des jetons d'argent, au titre des piastres Mexiques vieilles..... Il semble que, ces jetons ne devant avoir cours que dans les pays étrangers, S. M. n'en doit pas refuser la fabrication, puisque dès qu'il sort de l'argent du royaume, qu'il sorte en piastres ou autres matières, cela est indifférent à l'Etat ». « Le ministre ne se laissa pas

---

1. Les connaissances et les relations acquises par le négoce des thalers furent d'ailleurs utilisées même dans d'autres branches du commerce levantin. Cf. BEER, p. 87.

geux au prestige de la souveraine. Au lieu de souscrire à cette sorte de commerce, il vaudrait mieux qu'on supprimât complètement la frappe de ces espèces[1].

On se rappelle involontairement les exemples de l'antagonisme entre les autorités quand on lit l'opinion contraire énoncée à ce sujet (en janvier 1752) par le comte de Chotek, Directeur du commerce et, depuis 1749, chef de la Banque municipale de Vienne[2] : « L'Autriche qui importe de la Turquie beaucoup plus qu'elle n'y exporte, doit nécessairement compenser la différence par du numéraire. Il est donc impossible de prohiber l'exportation de la monnaie, à moins qu'on ne veuille en même temps supprimer ce commerce entier. Mais, étant donné que les Turcs et les Grecs acceptent volontiers les thalers avec un agio, il n'en résulte non seulement convaincre par ces raisonnements. On trouve en réponse, en marge du mémoire : « Il faut qu'on soit bien peu instruit des règles du gouvernement et du véritable intérêt de l'État pour proposer de faire battre une espèce de monnaie dans le royaume, dont la sortie sera libre, comme si la défense de sortir des écus n'avait été faite que pour ne pas profaner l'effigie qui est dessus, en la sortant du royaume[1] »... « Sous Louis XVI, un négociant marseillais offrait d'essayer à ses risques et périls, d'introduire dans les échelles des monnaies frappées par lui au même titre et au même poids que celles de la reine de Hongrie et du prince de Bade qui avaient tant de succès, mais il demandait un privilège exclusif pour dix ans. La Chambre du commerce consultée opposa des objections de principes inspirées de la plus pure doc-

---

1. PERE et RAUDNITZ, p. 39, n. 1.
2. BIDERMANN, p. 400, 401, 443.
3. MASSON, *Barbaresques*, p. 534, 535.

aucune perte pour le fisc, mais celui-ci y trouve au contraire un bénéfice assez considérable. La monnaie, surtout dans le cas en question, n'est en effet qu'une marchandise et essentiellement un *objectum commercii*, et les arguments contre son exportation ne tiennent pas debout[1] ».

Cette opinion énoncée en 1752, était la base du privilège accordée au baron de Friess, et fut confirmée en 1799 par un décret de la direction des Monnaies et des mines[2].

trine de Colbert : « Le commerce des espèces est toujours onéreux à un Etat parce qu'il ne peut s'étendre sans arrêter l'activité et le mouvement des manufactures. Aussi il y a des lois de la compagnie d'Angleterre qui obligent les négociants à jurer que ce qu'ils reçoivent du Levant n'est que le produit et le retour des manufactures du royaume sans y ajouter ni lettres de change, ni argent..... » En 1777 la Chambre donnait un autre avis défavorable à la proposition d'un négociant bordelais qui projetait de fabriquer une monnaie spéciale à l'effigie du roi pour le Levant[3]..... »

Les besoins du commerce ayant donc eu pour conséquence que l'Autriche employa d'une façon permanente la monnaie comme marchandise d'exportation, on eut pendant un demi-siècle assez d'occasions d'approfondir cette conception économique prématurée.

---

1. Cf. PERZ et RAUDNITZ, p. 38, n. 2.
2. *Mitteilungen*, p. 540. Les opinions énoncées, sous Joseph II, sur le caractère commercial de la monnaie sont citées par BERR, p. 115, 121.
3. MASSON, *XVIIIe siècle*, p. 502.

On connaît les mesures qui eurent pour but d'assurer la matière première à la fabrication de ces espèces. Or l'expérience ne tarda pas à démontrer que le bénéfice net était toujours en rapport direct avec la masse de l'argent brut fourni à la Monnaie. Une diminution de la frappe des thalers pour le compte de l'Etat était infailliblement suivie d'une augmentation de bénéfice que faisaient les fournisseurs particuliers du métal-argent. Le Trésor devait d'autant moins gagner que l'argent étranger abondait dans les Monnaies impériales et inversement[1]. Ces expériences, faites surtout dans les années 1763 et 1764, nous semblent, à elles seules, avoir porté un coup décisif à cette idée mercantiliste qui, dans toutes les occasions, voulait séparer le numéraire des autres marchandises, ses proches parentes. Les fluctuations et changements au bénéfice ou au désavantage du fisc devaient ensuite apprendre aux gouvernants comme aux autres intéressés que l'Etat, avec sa prétendue omnipotence, avec toute sa législation et avec sa politique fiscale, ne pouvait pas faire violence aux lois économiques les plus primordiales et en détourner les effets pour ainsi dire spontanés et réflexes.

D'autres jugements, basés sur des expériences faites dans le commerce des thalers, portent sur le monopole : ainsi la Cour des comptes dit, en 1768, que tout monopole est nuisible et qu'au con-

---

1. Cf. Peez et Raudnitz, p. 44, 45.

traire le régime de la concurrence a eu une influence salutaire sur ce commerce. On ne pourrait d'ailleurs pas empêcher que, malgré le monopole en question (sollicité par les banques d'Augsbourg), les négociants libres d'engagement continuent leur commerce en s'assurant d'autres thalers pour l'exportation dans le Levant. Si, malgré tout cela, le contrat était conclu, on ne devrait pas le faire pour une période trop longue[1]. — La stagnation du trafic des thalers, qui s'était fait sentir dans la huitième décade, fut expliquée en 1786 par le monopole, à cause duquel beaucoup d'acheteurs s'étaient trouvés en face d'un seul vendeur. La liberté du commerce se trouvait donc compromise à une époque surtout où la demande de ces espèces était de beaucoup supérieure à ce que les deux maisons privilégiées pouvaient fournir à la Monnaie en argent brut. Les Levantins se procurèrent par suite d'autres thalers à meilleur marché, de sorte que la Monnaie principale de Vienne fut bientôt moins occupée par le monnayage que par les affaires de contrebande qu'elle avait à régler. Le monopole était donc la cause d'un grand préjudice pour le commerce des thalers[2]. — Voilà comment, sous Joseph II, on soutenait la liberté de la frappe et du commerce des espèces, et les mesures contraires prises à cette même époque à l'étranger n'avaient pas d'autres

---

1. Pribi et Raudnitz, p. 50.
2. *Mitteilungen*, p. 530, note.

conséquences pour l'Autriche que d'affermir encore ses théoriciens dans leurs opinions à ce sujet.

Schweighofer qui, à maintes reprises et avec insistance, recommandait l'imitation du régime économique de la France, ne peut pas s'empêcher de critiquer les mesures prohibitives de cet Etat contre l'exportation du numéraire. En 1785, dit-il, la France interdit de nouveau, et sous peine de confiscation, l'exportation de l'argent. Dans le commerce, de tels procédés sont inadmissibles et d'ailleurs inefficaces. Quand la balance du commerce est défavorable, le numéraire s'en va toujours malgré les prohibitions de la part de l'Etat[1]. Mais n'oublions pas, continue-t-il, qu'une balance passive du commerce n'est pas pour cela forcément défavorable pour le pays ; elle peut même être la cause d'un grand progrès économique si, par l'excès des importations, on procure de bonnes matières premières à l'industrie indigène[2].

*
* *

A chaque pas de nos recherches, nous avons donc pu rencontrer des différences essentielles entre la vie économique de l'Autriche du xviiie siècle et celle des Etats mercantilistes. Nous en connaissons des causes géographiques, politiques, dynastiques. Mais, en outre, l'Autriche nous en

1. *Op. cit.*, p. 280, note.
2. Id., p. 358, 399, note.

montre une autre dans l'originalité de sa politique
monétaire consciemment antimercantiliste et finalement dans le système de Joseph II.

Si, pour le reste de l'activité économique, l'Etat
des Habsbourg portait les marques d'une infériorité indubitable, par le trafic des thalers comme
par la politique de Joseph, les Pays-Héréditaires
se montraient au contraire non seulement à la
hauteur de leur époque, mais ils la devançaient.
Et si l'Autriche n'avait rien de ce qu'il fallait pour
être mercantiliste, les idées réalisées par le fils de
Marie-Thérèse et déjà esquissées depuis près d'un
siècle, nous prouvent peut-être qu'elle était en
effet prédisposée plutôt pour la physiocratie.

Il est au contraire particulièrement remarquable
que, même sous Charles VI, au moment où l'Autriche aurait eu besoin d'un théoricien de valeur
pour défendre ses intérêts contre les prétentions
anglaises et hollandaises, en ce moment même
elle manquait d'écrivain mercantiliste[1].

Pour ce qui concerne la politique monétaire
unique en son genre, elle aussi semble avoir eu
son fondement dans toute l'organisation ou plutôt
dans le manque d'organisation économique des
Pays-Héréditaires de la première moitié du xviiie
siècle. Le peu de développement, signalé plus
haut, du régime monétaire, de la *Geldwirtschaft*, a
son importance pour notre question. Comme dit

---

1. Cf. SCHNELLER, II, p. 3o.

Roscher : « Dans le stade du développement économique où la marchandise la plus échangeable devient monnaie, on reste certainement très conscient de ce que la monnaie n'est, elle aussi, qu'une marchandise munie, bien entendu, de qualités qui la rendent éminemment circulable. Des rêveries mystiques sur la monnaie en tant qu'essence de richesse, etc., étaient pour le moment très peu probables. Même dans la science, la surestime de la monnaie de la part du mercantilisme était d'une conception tardive qui, chez la plupart des peuples, n'entra en scène qu'à la suite de la juste conception commerciale[1]. »

1. Cité par BIDERMANN, *Merkantilismus*, p. 47.

DEUXIÈME PARTIE

Propagation dans le Levant et sphère d'emploi du thaler de Marie-Thérèse.

CHAPITRE PREMIER

Le commerce du Levant au XVIIIᵉ siècle et ses instruments d'échange. Les causes du succès du thaler de Marie-Thérèse auprès des commerçants du Levant.

Le commerce du Levant avait vu, au xviiᵉ siècle, son rôle mondial diminuer, d'abord par suite du développement croissant des relations directes avec les Indes par la route du Cap[1], en second lieu par la mainmise définitive des Turcs sur l'Egypte[2]. La « décadence sensible » du commerce levantin des Hollandais vers la fin du xviiᵉ siècle et au commencement du xviiiᵉ siècle coïncide avec celle du commerce anglais, qui se continue jusque dans la seconde moitié du siècle. La France arriva à une prépondérance écrasante dans la seconde moitié du xviiiᵉ siècle, mais au moment où l'importance mondiale de ce commerce avait de beaucoup diminué. « Dans les

1. NOEL, II, p. 65, 78, 79 et 85.
2. Id., p. 205 : Les Turcs sont les « ennemis-nés de tout commerce et de toute industrie ». Cf. HEYD, II, p. 517 et 518.

Echelles, les Français furent parfois les seuls Européens établis pendant toute la durée du xviiie siècle[1] ».

La route méditerranéenne se trouva donc, peu à peu, entre les mains des seuls Français qui, après avoir sollicité l'amitié politique des Turcs, étaient depuis longtemps parvenus à en tirer un profit économique[2]. Etant, de toutes les nations maritimes, la plus voisine de ce champ d'activité, la France mercantiliste chercha et trouva dans le Levant non seulement un vaste débouché pour ses produits industriels, mais encore, vers la fin du xviiie siècle, les moyens d'opposer à la route des Indes par le Cap la concurrence de celle qui passe par la Méditerranée et la Mer Rouge[3]. C'est en France que se conçoivent alors naturellement les projets de jonction de ces deux mers[4], et c'est encore à la France qu'est proposé le seul projet étranger de percement de l'Isthme[5].

Cette vive activité économique continue à s'exercer malgré le déclin de l'influence politique française auprès de la Porte. Les Européens ne

---

1. Masson, *XVIIIe siècle*, p. 375, 387, 368, VIII, 520; et *XVIIe siècle*, p. 498.

2. *Grande Encyclopédie*, art. « *Capitulation* » (par L. Renault), p. 212 : C'est la France qui la première a obtenu une Capitulation d'un caractère général. Elle date de 1535...

3. Cf. Bonnassieux, p. 454 : Sur la Compagnie française pour le commerce de la Mer Rouge (1785). Noel, II, p. 227 : Convention de 1785 qui ouvre aux Français le passage de l'Isthme de Suez, lequel jusqu'alors n'était permis qu'aux indigènes (Masson, *XVIIIe siècle*, p. 306).

4. Noel, III, p. 170 et suiv.; Masson, *XVIIe siècle*, p. 324; Masson, *XVIIIe siècle*, p. 559.

5. Masson, *XVIIIe siècle*, p. 559, 562 : En 1739 et 1747, un Autrichien proposait à la France le projet d'occuper l'Egypte pour s'y installer politiquement et économiquement.

pouvaient d'abord naviguer et commercer dans le Levant et en Égypte que sous la bannière de la France[1]. Mais, au milieu du xviiie siècle, toutes les nations chrétiennes se sont soustraites à la protection du pavillon français[2]. L'alliance franco-autrichienne de 1756 achève de déconcerter les Turcs « habitués à fonder tout leur système de relations avec la France sur sa rivalité héréditaire avec la Maison d'Autriche[3] ». Aussi M. Masson a-t-il pu constater le déclin progressif de l'influence française depuis 1756, mais « au moment du plus grand déclin de notre prestige », ajoute-t-il, « ce commerce atteignait précisément son apogée[4] ».

Deux autres puissances, la Russie et l'Autriche[5], tendent à conquérir dès lors par la force des armes la situation prépondérante que la France avait acquise et gardée pacifiquement pendant deux siècles.

Là-dessus il faut s'entendre. Tandis que la France était parvenue peu à peu à fournir aux Levantins les produits de son industrie et quelques denrées alimentaires[6], la Russie et l'Autriche surtout devaient nécessairement se contenter de créer un commerce de transit des produits

1. H. Renault, *loc. cit.* ; Heyd, II, p. 540.
2. Louis Rousseau, I, p. 5.
3. Albert Sorel, *Question d'Orient*, p. 22.
4. Masson, *XVIIIe siècle*, p. 279. Même essor du commerce français dans les pays barbaresques au cours de la seconde moitié du xviiie siècle.
5. « Pour ce qui concerne la Porte ottomane, le prince de Kaunitz déclare que sa cour ne la regarde plus désormais comme un voisin incommode et dangereux » (Sorel, *Recueil des instructions*, p. 504).
6. Masson, *XVIIIe siècle*, p. 472, 502 et suiv., notamment p. 503.

d'Orient traversant leurs territoires pour aboutir, l'Autriche en Allemagne[1] et la Russie dans ses provinces centrales et les pays du Nord. D'ailleurs, l'apparition des Russes dans la Méditerranée proprement dite semble avoir eu une influence plutôt politique que commerciale[2]. Mais ce qui nous importe le plus, c'est de constater que ce commerce se balançait, même pour la France, par un excédent d'importations[3]. En ce qui concerne l'Autriche, la plus grande partie de ses achats en Orient s'effectuaient en échangeant du numéraire. Dans la septième décade du siècle, comme en 1790 encore, un tiers de ses achats était payé par des produits industriels, et les deux autres tiers en thalers à l'effigie de Marie-Thérèse et en sequins[4]. Les Russes, au contraire, comme les Tartares et les Polonais, ne payaient pas leurs achats par du numéraire, mais par les produits de l'agriculture et de la chasse[5]. D'ailleurs, la Russie avait besoin d'importer chez elle des monnaies de commerce. C'était surtout des monnaies hollandaises qui y circulaient encore au commencement du xixe siècle[6].

Les Turcs, par contre, maîtres de la plus grande partie des pays côtiers de la Méditerranée et ne frappant de monnaies qu'en quantité insuf-

1. Schweighofer, p. 269.
2. Masson, *XVIIIe siècle*, p. 283, 293, 305, 639.
3. Id., p. 232 et suiv. et *XVIIe siècle*, p. 514.
4. *XVIIIe siècle*, p. 395 ; Breh, p. 83 ; Cf. Mayer, p. 100.
5. Beer, n. 202 (Rapport datant de l'année 1751) ; Cf. Schweighofer, p. 300 : La Pologne est un pays sans monnaie (« *geldloses Land* »).
6. Cf. Récits de voyageurs, cités dans Perz et Raudnitz, p. 15, n. 2, 3.

fisante, se voyaient, dès le xvi° siècle, dans la nécessité d'utiliser des pièces étrangères[1]. « Le commerce du numéraire était fort apprécié des Turcs qui manquaient de métaux précieux et de monnaies..... Les Turcs frappaient très peu de monnaies et n'avaient guère que de menues pièces d'argent en circulation. » En Egypte seulement une pièce d'argent plus grande fut frappée, mais ce n'était plus que là qu'on battait encore des monnaies d'or. « Toutes les autres monnaies étaient introduites par les étrangers ; ceux-ci, les Français surtout, mais aussi les Anglais, les Hollandais et les Vénitiens, achetaient beaucoup plus qu'ils ne vendaient aux Turcs ; ils apportaient donc, en dehors de leurs marchandises, de grosses sommes d'argent qui restaient dans les Etats du Grand Seigneur et y formaient la masse du numéraire circulant.

« Non seulement les Turcs ne prenaient pas la peine de frapper de leur monnaie, mais ils connaissaient très mal la valeur de celle que les Francs leur vendaient ; les marchands, les soldats et le peuple s'engouaient pour certaines pièces étrangères, qui leur plaisaient par leur forme ou leur aspect, sans s'inquiéter de leur titre et de leur valeur exacte. Au début du xvii° siècle, ils ne connaissaient guère que les piastres d'Espagne, sévillanes ou mexicaines[2]. Au milieu du xvii° siè-

---

1. MASSON, *XVII° siècle*, p. 201.

2. Id., p. 492 à 498. On les appelait « réales d'Espagne ou piastres de réaux ; ces pièces leur étant apportées surtout par les Marseillais, ils les nommaient encore des marsillies ».

cle, les fameuses pièces de cinq sols eurent, pendant 13 ans, un succès énorme. Toute la Turquie s'en remplissait et l'on n'y voyait plus guère d'autre argent parce que les Français y avaient la prépondérance. A la faveur des pièces de cinq sols succéda celle des piastres Abouquels qui dura jusqu'au XVIII° siècle. C'étaient les Rixdales des Hollandais (écus aux lions)..., une monnaie de fort mauvais aloi ne contenant parfois que la moitié de fin. Cependant les Turcs avaient si peu de discernement que cette monnaie était plus recherchée que les piastres d'Espagne. Aussi, à la fin du XVII° siècle, ne pouvant plus transporter librement dans les Echelles que des piastres sévillanes et mexicaines, particulièrement les premières, les Français étaient dans un état d'infériorité évidente vis-à-vis des Hollandais qui faisaient recevoir les Abouquels à un prix presque égal à celui des piastres sévillanes, tandis que leur valeur réelle était bien inférieure[1] ». Pour ajouter aux difficultés que présentait dans le commerce la diversité des monnaies en usage dans le Levant, les piastres sévillanes n'étaient même pas d'un type uniforme. Le dessin varie plus que de raison, le poids aussi et même le titre[2]. Parmi les monnaies d'or, les sequins vénitiens et hongrois étaient les plus répandus dans le Levant. Mais elles étaient loin d'être aussi estimées que les monnaies d'argent ; aussi devait-on les altérer

---

1. Masson, *XVII° siècle*, p. 493, 17, 18.
2. W. A. Shaw, p. 354.

pour avoir un bénéfice « à transporter dans le Levant cette monnaie au lieu de réales, car leur cours n'y était pas au-dessus de leur véritable valeur[1] ».

Ayant ainsi le choix entre diverses monnaies[2], les Turcs finissent par préférer une pièce à l'autre, la frappe d'un Etat à celle d'un autre ; un simple préjugé suffisait parfois pour discréditer une pièce et pour en faire rechercher une différente. Les commerçants européens étaient obligés de tenir compte de ces préférences. Ainsi, comme nous le disions déjà, tandis que quelques Etats pouvaient se servir de leurs monnaies propres, la plupart des nations commerçantes, et les plus importantes, y exportaient généralement la piastre espagnole (le Colonnado). Comme les Français, les Anglais aussi « prenaient en passant à Cadix des piastres d'Espagne[3] ».

Cette monnaie, on se la procurait d'ailleurs facilement, l'Espagne n'ayant presque aucune autre activité économique que la mise en valeur de ses mines américaines. « L'Espagne produisait peu et fabriquait encore moins. Trouvant qu'elle pouvait acheter tout avec son argent et son or, elle se jeta sur la voie des conquêtes et laissa échapper le commerce[4]. » C'est sous la forme de

1. MASSON, *XVII* siècle*, p. 494, 495. Même avis d'un contemporain quant aux pays barbaresques (MASSON, *Barbaresques*, p. 534).
2. Cf. PERZ et RAUDNITZ, p. 27 à 28 : Liste des monnaies circulant dans le Levant.
3. MASSON, *XVII* siècle*, p. 202.
4. NOEL, II, p. 108, Cf. SHAW, p. 82.

la piastre que s'est répandue sur le monde la majeure partie de l'argent extrait des mines du Mexique[1].

Cette pièce entrait dans le Levant par voie de terre aussi, à travers les pays barbaresques. Car, « tout au rebours des Turcs du Levant, habitués à voir circuler dans les Echelles toutes sortes d'espèces et portés à s'engouer facilement de monnaies nouvelles, les Barbaresques des Concessions, ignorants comme eux, mais plus méfiants, restaient obstinément attachés aux anciens usages et, de crainte d'être trompés, ne voulaient guère recevoir que des anciennes piastres mexicaines, dites piastres à colonnes, que les Français leur avaient toujours portées[2] ».

Les Etats importateurs des produits d'Orient dépendaient donc dans une certaine mesure des pays producteurs de ces monnaies, et cela surtout aux temps mercantilistes[3]. Aussi, lorsqu'au xviiie siècle le marché espagnol se ferma au commerce français et qu'autour de 1750 la contrebande même de ces espèces cessa, la pénurie d'argent se fit-elle immédiatement sentir. Même la circulation intérieure en souffrit en France : « la disette du numéraire devint telle en 1759 que le roi fit porter sa vaisselle à la Monnaie; son exemple fut suivi par un grand nombre de parti-

---

1. Maurice VIENNE, p. 8. Cf. MASSON, *Barbaresques.* p. 532 et suiv... Foville, p. 76 et 26. SHAW, p. 353.

2. MASSON, *Barbaresques,* p. 533.

3. Cf. MASSON, *XVIIe siècle,* p. XXXIII; Id., *Barbaresques,* p. 535; Id., *XVIIIe siècle,* p. 233.

culiers..... » A Marseille, la rareté du numéraire devint un mal chronique au xviiie siècle, comme l'attestent les plaintes répétées de la Chambre de Commerce, aussi vives en 1789 qu'en 1715. Sans doute ce phénomène était général dans le royaume. Ce fut surtout après la guerre de Sept ans que le numéraire fit de plus en plus défaut[1]. En 1768, la Chambre obtint l'autorisation de recevoir les espèces étrangères dans sa caisse. Mais il fut de plus en plus difficile de se procurer des piastres espagnoles en quantité suffisante, le roi d'Espagne ayant prohibé leur sortie sous les peines les plus sévères ; on lui prêtait le projet de refondre toutes les piastres vieilles dites à colonnes pour les transformer en piastres neuves à l'effigie... Ce projet fut mis à exécution en 1778 : la monnaie espagnole subit alors une refonte complète et son titre fut abaissé[2].

Or, les transactions françaises en Orient ayant gagné en importance justement en cette seconde moitié du xviiie siècle, il était très naturel que la France fît bon accueil à la pièce monétaire favorite à ce moment-là dans tout le Levant, nous voulons dire, au thaler de Marie-Thérèse.

« Ces écus d'argent étaient alors demandés dans tout le Levant, particulièrement en Egypte, et prenaient l'avantage sur les piastres sévillanes[3]. » L'Autriche fournissait cette monnaie à la

1. Masson, *XVIIIᵉ siècle*, p. 232 et suiv... H. Costes, p. 37.
2. Masson, *Barbaresques*, p. 535 ; Shaw, p. 270.
3. Masson, *XVIIIᵉ siècle*, p. 507.

France surtout en échange des soieries qui, à elles seules, constituaient plus d'un tiers de tout le commerce franco-autrichien [1]. A cette époque, l'Autriche commença aussi à étendre son commerce avec la Turquie et, pour payer ses achats, elle exportait une grande quantité de ses thalers [2].

Ces espèces monétaires arrivant donc en Orient par la voie des échanges avec la France, dont le commerce était le plus grand, mais aussi avec Livourne [3] et avec l'Autriche, devaient bientôt, par la préférence que leur accordaient les Orientaux, supplanter la piastre espagnole. Celle-ci, sous sa forme nouvelle, continuait d'ailleurs toujours à arriver par les caravanes de l'Afrique du Nord. Car, vers 1780, « il devenait décidément impossible de trouver des piastres à colonnes ;... dès lors toutes les opérations se faisaient en piastres neuves d'Espagne [4] ». La piastre était un peu modifiée, il est vrai ; mais néanmoins les Colonnados, bien qu'on n'en frappât plus, n'en restaient pas moins dans la circulation grâce à la thésaurisation, méthode d'épargne de l'Orient.

Il ne s'agit donc pas d'une substitution dans l'ordre chronologique, mais plutôt d'une concurrence pure et simple, où le thaler de Marie-Thérèse finit par l'emporter. Et cette concurrence se pour-

---

1. SCHWEIGHOFER, p. 276, 282.
2. MASSON, XVIIIe siècle, p. 507, 393 ; BEER, p. 47, 166, n. 120.
3. MASSON, XVIIIe siècle, p. 383, 385 : « Parmi tous les anciens concurrents des Français, les Livournais furent les seuls dont le commerce grandit. »
4. MASSON, Barbaresques, p. 535.

suivit au commencement du xixᵉ siècle encore en Egypte, en Arabie méridionale, dans la partie orientale de la Méditerranée, dans la Mer Rouge, en Syrie et en Tripolitaine[1].

Voici maintenant les causes de la préférence accordée finalement à la monnaie autrichienne. Jusqu'alors, les monnaies qui avaient circulé en Orient avaient eu cet inconvénient de se prêter à la rognure et au limage, puisque, n'ayant ni légende sur la tranche, ni grènetis limitant nettement la surface de la pièce, leur vérification ne pouvait se faire que par leur poids légal[1]. Les pièces espagnoles aussi avaient ce défaut. Voici ce qu'en dit M. Masson : « Les piastres *colonnes* sont irrégulières et sans cordon. L'irrégularité de cette monnaie permet de les rogner pour les réduire au poids convenu pour chaque comptoir »... « La coupe des piastres fut faite longtemps à la main par des procédés rudimentaires. Les pièces restaient irrégulières de forme, ce qui permettait aux fraudeurs de les rogner de nouveau sans qu'on s'en aperçût au premier coup d'œil ; aussi l'usage des balances était-il nécessaire dans les paiements[3] »...

Mais la balance elle-même était un moyen de contrôle insuffisant. Comment aurait-elle préservé la clientèle levantine contre les pièces de mau-

---

1. Perez et Raudnitz, p. 20, n. 1, p. 22, n. 1, p. 30, 90, n. 2. p. 92, 115.

2. *H. W. B. der Münzkunde*, p. 296 : Une tranche bien travaillée est le meilleur et principal préservatif contre les faux monnayeurs et contre la rognure. Cf. Babelon, 1ʳᵉ partie, t. I, p. 825.

3. La coupe des piastres ne fut suspendue qu'en 1792. En 1780 encore, on avait étudié le plan d'une machine destinée à la coupe de ces monnaies. (Masson, *Barbaresques*, p. 536, 537 et Extrait d'une lettre de 1768).

vais aloi ou les changements fréquents du titre de ces monnaies destinées à payer à l'Orient les frais du luxe européen[1] ?

* * *

Quant à la concurrence que le thaler de Marie-Thérèse avait à soutenir et à subir lui-même, elle se poursuivit en deux phases bien distinctes.

Le type « Thaler » l'ayant de beaucoup emporté sur les autres monnaies d'argent de taille et d'aloi différents[2], il devait se faire une sélection parmi les diverses sortes de thalers, en raison, comme nous venons de le dire, de la stabilité du titre et de la garantie qu'ils offraient contre le limage ou le rognage possibles.

Cette période de concurrence, qui finit avec la convention monétaire austro-bavaroise de 1753, est caractérisée par l'introduction de thalers à types différents, mais ayant tous une légende marginale. A cette concurrence déjà, l'Autriche prend une large part ; c'est forcé. Des écus à l'effigie de l'Impératrice (mais frappés avant 1753) devaient préparer les progrès ultérieurs et le succès final de leurs successeurs dans le régime monétaire de l'Autriche. Déjà vers 1750, les Livournais ache-

1. MASSON, *XVIIᵉ siècle*, p. 493 à 497, 17. VIENNE, p. 1. BONNASSIEUX, p. 454.

2. Cf. BABELON, article *Thaler* de la *Grande Encyclopédie*, t. XXX, et BABELON, *id.*, t. XXIV, article *Monnaie*, p. 129.

tèrent beaucoup de piastres espagnoles « pour les fondre et en faire des écus avec l'effigie de l'Empereur ou de la reine de Hongrie, connus et recherchés par les Turcs sous le nom de pataques[1] ».

La Convention austro-bavaroise ajouta à ces avantages celui de la stabilité du titre et du poids et donna aux thalers le pas sur les autres monnaies dans le jugement et le goût des Orientaux. Cela fut la conséquence naturelle d'une série d'améliorations appliquées au système des monnaies mises à leur disposition.

Nous voilà à la seconde phase de la concurrence. Plusieurs Etats de l'Allemagne du Centre, notamment les Villes d'Empire, ayant adhéré à l'union monétaire austro-bavaroise, leurs ateliers de frappe donnèrent aux thalers un signe caractéristique commun[2].

Et maintenant, après avoir assisté à la concurrence plus ou moins éliminatoire entre les piastres non cordonnées et les thalers munis de légendes, nous allons voir comment le public oriental, poussé par des motifs d'ordre purement subjectif, se prononce en faveur d'un de ces thalers, qui, en soi, ne pouvait lui offrir plus d'avantages que les autres frappés en vertu de la même convention. En effet, le commerce ne réserva la dénomination de thalers de Marie-Thérèse qu'à

---

1. MASSON, *XVIIIe siècle*, p. 507, 385. Cf. PREZ et RAUDNITZ, p. 37 à 44 et 127. *Mitteilungen*, p. 518, 519, 544 et suiv.
2. *Mitteilungen*, p. 518 et suiv. SHAW, p. 168, 308 à 310. DEL MAR, p. 116.

ceux d'entre eux qui portaient sur l'avers le portrait en buste de l'impératrice et sur le revers un des millésimes de 1753 à 1780[1]. . . .

Voici quelques exemples de cette concurrence. Dans le passage de M. Masson cité plus haut, il est question de la concurrence entre les écus à l'effigie de François Ier et les thalers de Marie-Thérèse, tous les deux recherchés en Orient. Certains Etats de l'Allemagne essayèrent également de concurrencer le thaler autrichien sur le marché oriental en y envoyant leurs thalers propres, qui, d'après la Convention, avaient la même valeur. Les négociants grecs aussi qui trafiquaient en Turquie, se procurant à meilleur compte ces thalers allemands[2], voulurent convaincre leurs clients que la pièce allemande valait celle de Marie-Thérèse[3].

Mais on voit non seulement des thalers de l'Empereur[4] et de divers Etats de l'Empire, mais aussi plusieurs sortes de thalers autrichiens se disputer le champ jusque vers l'année 1776, époque où se termine le monopole auquel ce commerce était soumis. Pendant une dizaine d'années, le type définitif des thalers de Marie-Thérèse tel qu'il a toujours été frappé depuis 1780, avait déjà eu le temps de prendre part à cette

---

1. PEEZ et RAUDNITZ, p. 12, 13.

2. Le commerce des thalers autrichiens étant monopolisé (voir ci-dessus p. 5 et 6).

3. PEEZ et RAUDNITZ, p. 54, 55, 57. MASSON, *XVIIIe siècle*, p. 507. *Mitteilungen*, p. 524 et suiv.

4. En Allemagne, l'empereur n'avait de droit monétaire que sur ses propres domaines. (NOEL, t. II, p. 328).

lutte avant de pouvoir être considéré comme une frappe *ne varietur*[1]. Les thalers à l'effigie de l'Impératrice portant le voile de deuil, furent frappés, nous le savons déjà, dès 1765 et entrèrent alors en concurrence avec les autres thalers. Ce n'est qu'à partir de 1768 que la frappe des autres thalers fut suspendue. Il est à remarquer que c'est encore dès 1768 que l'expression « *Levantinerthaler* » s'employa même officiellement pour désigner la monnaie en question[2].

Sa qualité propre était encore d'être frappée par celui des États de la Convention qui émettait la plus grande quantité de monnaie. L'Autriche, en effet, avait d'ailleurs des relations commerciales plus fréquentes et plus étendues avec la Turquie d'Europe, sa voisine. Or, n'est-il pas utile, pour s'assurer de la stabilité monétaire, d'avoir le nombre suffisant ou même le plus grand nombre possible de pièces de monnaie de la meilleure qualité ?

Le gouvernement autrichien, en monopolisant le commerce du thaler, fit preuve de ses bonnes intentions, aussi bien encore que plus tard, lorsqu'il supprima ce monopole, les conditions ayant changé[3]. Et, en même temps, par son souci constant, il assurait aussi la quantité requise de nu-

---

1. On est généralement convaincu que la conservation pendant longtemps d'une effigie monétaire toujours la même, influence avantageusement l'échangeabilité d'une monnaie (LESCHIN, p. 46). Karmarsch y voit même une protection contre les faux monnayeurs (*Op. cit.*, p. 233).

2. *Mitteilungen*, p. 533 note, p. 523 note.

3. *Ibid.*, p. 519 et suiv., p. 530, note ; voy. *supra*, p. 6 et suiv.

méraire. Voilà ce qui suffisait sans doute aux marchands routiniers qui venaient à Vienne chercher les thalers, comme à ceux de Livourne, de Marseille et de Salonique, qui les acceptaient volontiers ou en demandaient l'envoi[1].

Ce qui nous renseigne encore davantage sur la préférence incontestable donnée au thaler de Marie-Thérèse, c'est son « imitation loyale[2] » par plusieurs Etats (notamment les Villes Impériales Nuremberg, Augsbourg, etc.....) On a même soutenu que les préjugés en faveur du thaler autrichien auraient régné sans contredit jusqu'en 1764, date où les villes sus-nommées avaient commencé la frappe des thalers de la Convention à l'effigie de l'Impératrice[3]. La constatation de la prépondérance définitive de ces thalers à l'effigie de Marie-Thérèse est de plus confirmée par des essais d'envoi qui furent faits sur le marché Oriental de monnaies d'argent à effigies de femmes ou à figures allégoriques féminines[4]. Le thaler de Marie-Thérèse jouissait d'une telle plus-value, que des puissances étrangères se contentaient de l'imiter, sans même falsifier son aloi ; que l'Autriche pouvait soutenir la concurrence contre d'autres monnaies de commerce malgré les plus grands frais de transport et de douane auxquels

---

1. Peez et Raudnitz, p. 37, 54, 66, 71 ; Beer, p. 82 ; Masson, *XVIIIe siècle*, p. 377, 395 (Essor commercial de Salonique dans la seconde moitié du xviiie siècle).

2. L'expression est empruntée à l'ouvrage de MM. Engel et Serrure, t. I.

3. *Mitteilungen*, p. 523.

4. *Ibid.*, p. 545, Venise (1735), France (1787) (Cf. *Ibid.*, p. 548 et 549).

ces thalers étaient soumis, faute de relations directes avec les pays où ils avaient cours[1].

Mais ceci nous semble déjà trop dépasser les conséquences d'un simple fait commercial, et nous réservons au chapitre suivant les recherches qui concernent la clientèle levantine spéciale à ce thaler autrichien.

1. HAUPT, p. 839 et suiv., *Mitteilungen*, p. 549, 550. PREZ et RAUDNITZ, 129, 140, 98, n. 2. BREN. n. 212, p. 83. *Consularbericht* 1900 de Bagdad, XII, p. 9, 54.

CHAPITRE II

Causes du succès de ce thaler auprès de la clientèle levantine. Ce qui nous fait attribuer aux Arabes une situation spéciale parmi cette clientèle.

———

Après avoir passé en revue les conditions du succès du thaler de Marie-Thérèse auprès de la clientèle commerciale proprement dite, examinons de plus près cette autre clientèle composée exclusivement d'Orientaux dans laquelle ce thaler, monnaie préférée par les négociants européens, devait faire son entrée.

D'abord cette clientèle orientale dépendait des commerçants eux-mêmes importateurs de cette monnaie, qui, la lui offrant à profusion, finissaient par orienter son goût. Car, en Orient, nous nous trouvons presque toujours en dehors de ce que l'on comprend habituellement par relations commerciales. C'est que là-bas on n'achète pas les produits de luxe avec de l'argent européen, mais depuis des siècles on se livre plutôt au troc des métaux précieux contre la marchandise[1].

1. Cf. FOVILLE, p. 18.

Pour appliquer ces idées à notre cas, il nous faut entrer dans les détails de ce commerce.

Nous avons vu pourquoi les commerçants en relations avec le Levant avaient fini par préférer la monnaie autrichienne à toute autre; et ils l'acceptèrent avec l'arrière-pensée d'en trouver un débouché dans le Levant. Or, les Européens ne traitant nulle part directement avec la population indigène, mais par l'intermédiaire de courtiers grecs, juifs, et plus rarement syriens[1], on pourra arriver à trouver quelques éclaircissements en suivant la marche de ces courtiers dans le Levant.

Les Grecs, maîtres du commerce austro-levantin par terre et par mer, semblent avoir joué ce rôle d'intermédiaires surtout pour les provinces balkaniques et les autres territoires septentrionaux de la Turquie[2]; les Juifs et les Syriens, plutôt pour les provinces « arabes » de l'empire Ottoman.

Quant aux Français, qui ne se servaient de ces courtiers que dans les Echelles mêmes, ils contribuaient à la propagation du thaler de Marie-Thérèse dans toute l'étendue de l'empire turc, accessible à leurs navires[3].

Ce qui nous importe le plus, c'est de connaître quelles étaient les relations commerciales direc-

1. MASSON, *XVIIIe siècle*, p. 159.
2. Idem, *ib.*, p. 304, 305, 377; BEER, p. 80, 82, 84, 85.
3. Sur les courtiers grecs et les consuls français de nationalité grecque, voy. MASSON, *XVIIIe siècle*, p. 609, 610. Sur les courtiers juifs, *ib.*, p. 18, 332 et *Barbaresques*, p. 310. MASSON, *XVIIIe siècle*, p. 609 et suiv. Voy. cependant MASSON, *ib.*, p. 135 et 133: sur les Juifs et les Grecs établis à Marseille.

tes entre les Grecs et surtout les Juifs établis dans les grands ports méditerranéens et leurs co-religionnaires et co-nationaux du Levant et de la Barbarie. C'est ainsi que Livourne, la plus grande concurrente des Français, devait sa prospérité aux commerçants juifs[1]. « Le commerce y était de plus en plus entre les mains des Juifs. » Les Anglais en surent tirer un bon parti en faisant des « Livournais » leurs représentants commerciaux, tout en cédant en apparence à la concurrence française[2]. « C'était dans les Echelles, où les Juifs tenaient une plus grande place dans le commerce, qu'il était plus facile aux Livournais d'établir des correspondants. — A côté de ceux-ci, des Arméniens, des Grecs et surtout des Syriens d'Egypte, étaient venus chercher une vie plus tranquille dans le port franc de Toscane. En relations avec leurs parents et amis restés au Caire et à Alexandrie, il faisaient, avec les Juifs, un commerce actif pour le compte des Anglais auxquels ils servaient de commissionnaires[3] ». — A considérer la situation à Salonique, centre principal du commerce austro-turc, ici encore, « Grecs et Juifs jouaient un grand rôle dans le commerce[4] ».

Regardons la côte africaine de la Méditerranée, et nous allons constater des relations commerciales entre Alger, Tunis, Tripoli d'un côté et Li-

---

1. Masson, *XVIII⁰ siècle*, p. 383.
2. Idem, *ib.*, p. 598 et *Barbaresques*, p. 608.
3. Idem, *XVIII⁰ siècle*, p. 383, 598.
4. Idem, *ib.*, p. 392, 395, 613, 618.

vourne de l'autre, relations entretenues presque exclusivement par des Juifs...[1]. « Ceux qui composent le plus grand commerce de ce pays, ce sont les Juifs de toutes sortes de pays qui sont établis en cette ville... C'est eux qui font toutes sortes de métiers, les Turcs et les Maures du pays très peu et le peu qu'ils font est par l'organe des Juifs...[2] ».

Ajoutons-y le grand commerce intérieur que l'Egypte faisait avec la Turquie et qui l'emportait de beaucoup sur celui qu'elle entretenait avec l'Europe[3]. Joignons à cela l'exceptionnelle activité qu'eut précisément en Egypte la « caravane »[4], dont les armateurs étaient en grande partie Grecs et Juifs.

Or, c'est encore l'Egypte qui est, de toutes les Echelles, la plus réfractaire à accepter autre chose que du numéraire en échange de ses produits vendus aux Européens[5]. Désormais, en nous résumant, nous pourrons donc établir le rôle important joué par les Levantins, et notamment par les Juifs, dans la propagation du thaler de Marie-Thérèse. Les Grecs et les Juifs étant, par l'organisation du commerce levantin, les principaux intermédiaires des échanges entre Européens et

---

1. Masson, *Barbaresques*, p. 84, 155, 154, note, p. 310 (Alger). Masson, *ibid.*, p. 90, 91, 598, 537 [surtout à partir de 1749] (Tunis). Masson, *ibid.*, p. 607, 178 : Tripoli à son tour faisait des échanges avec l'Egypte et le Levant.

2. *Mémoire du Royaume d'Alger* de 1688. Cit. Masson, *Barbaresques*, p. 155, n. 4.

3. Masson, *XVIIIe siècle*, p. 598.

4. C'est le cabotage entre les ports turcs, spécialement les transports entre l'Egypte et Constantinople, Salonique, Smyrne et la Syrie (Masson, *ibid.*, p. 401).

5. Masson, *ibid.*, p. 598.

Orientaux, les Grecs maîtres du commerce entre l'Autriche et la Turquie, et les Juifs l'âme du commerce livournais, il en résulte que les puissances européennes ayant des relations économiques avec le Levant se trouvaient en une dépendance plus ou moins directe de cet état de choses.

D'un autre côté, la propagation du thaler autrichien par les Grecs et les Livournais étant établie (Marseille ne jouant à ce point de vue qu'un rôle passif), nous croyons avoir, par ce qui précède, montré d'une façon indubitable les voies et la manière de pénétration en Orient du thaler de Marie-Thérèse.

***

Où aboutit finalement ce long parcours ? A l'Hôtel des Monnaies de Constantinople[1], entre les mains du travailleur et du petit artisan, quelquefois chez l'agriculteur, le plus souvent encore chez le conducteur de caravanes[2]. De tous ces personnages, l'artisan est ou devient le plus capable de discerner la valeur purement économique de l'espèce de monnaie qu'on lui offre en échange du produit de ses mains ou de son esprit inventif. Or, ce sont surtout les provinces que nous avons

1. Perz et Raudnitz, p. 55, 57, 58 n., 59.
2. Cf. *Revue musulm.*, t. XIII, 1911, p. 181 et suiv. qui parle du « flot d'or qui, dans sa coulée, enrichissait toute la multitude des petits intermédiaires, caravaniers (Bédouins du désert), guides, convoyeurs, entremetteurs, dépositaires, péagiers... » (Analyse d'un ouvrage intitulé « *La République marchande de la Mecque.* ») Cf. Mesu, III, p. 42, 57.

placées plus haut dans la région de l'activité prépondérante des Grecs, qui exportent le plus de produits manufacturés, alors que les vieux ateliers de Syrie et d'Egypte sont peu à peu délaissés, notamment dans la seconde moitié du xviiie siècle[1].

L'Egypte, au contraire, alimente Constantinople de blé et exporte les cafés d'Arabie[2]. En outre, au xviiie siècle, les cotons deviennent de plus en plus le principal article de retour des Echelles, et jusque dans les premières décades du xixe siècle, le Levant est le principal fournisseur du coton pour l'industrie européenne[3]. C'est surtout par ces raisons que s'explique le grand courant de numéraire qui passe du Bosphore et des ports méditerranéens en Egypte[4].

N'oublions pas non plus que, depuis l'antiquité, les Arabes faisaient les transports du commerce indo-égyptien qui traversait leur territoire; ce sont eux qui « ont profité de la non-existence du canal de Suez[5] ».

Ce sont là les premiers indices qui attirent notre attention sur les provinces à population arabe; et, en effet, on a voulu s'expliquer l'abondance, en Egypte et en Syrie, de ces thalers par le voisinage de l'Arabie[6]. C'est d'ailleurs en Syrie

---

1. BEER, p. 83; MASSON, *XVIIIe siècle*, p. 198.
2. MASSON, *ibid.*, p. 598.
3. Idem, *ibid.*, p. 432; GRUNZEL, p. 38.
4. Cf. PEEZ et RAUDNITZ, p. 96, n. 3 (récits de voyageurs).
5. NOEL, I, p. 14 et 17, et III, p. 173.
6. Cf. PEEZ et RAUDNITZ, p. 90, 97, n. 1.

que l'élément arabe arrive à la prépondérance
politique dans la seconde moitié du même siècle,
et c'est à ce moment que les Arabes y viennent
établir leur « régime bienfaisant pour le commerce[1] ».

Un coup d'œil jeté sur la carte de circulation du
thaler de Marie-Thérèse nous montre, en effet,
que la diffusion en est la plus grande et la plus
étendue dans ces provinces. Et cela justifie bien
ce que nous pensions, à savoir que les raisons
qui ont motivé ce choix aux yeux des populations
arabes ou arabisées, en Turquie, peuvent bien être
des raisons qui ne sont que peu ou même pas du
tout d'ordre économique.

Nous voyons ensuite des pays où l'estime du
thaler de Marie-Thérèse se transmet de père en
fils pour lui conserver une clientèle fidèle jusqu'à
nos jours, et où cependant ni Marseillais, ni Livournais, ni aucun des autres groupes de commerçants européens n'ont pénétré; ce sont le
Sahara et le Soudan orientaux, l'Afrique érythréenne[2].

La population de ces contrées montre une telle
préférence pour le thaler de Marie-Thérèse que,
jusqu'à la fin du xixᵉ siècle et même actuellement, où cependant toutes les raisons qui préva-

1. Masson, *XVIIIᵉ siècle*. p. 298 et suiv., notamment p. 289 et suiv.,
p. 292 et suiv.

2. Haupt, p. 829, 839; Auguste Chevalier, p. 362; Louis Humbert, p. 33
(Congo Français), p. 36 (Somalie); Henry Babled, p. 294 à 296; *Consularbe-
richte* (de Tripoli), 1902. Sur le thaler de Marie-Thérèse au Soudan, v.
Consularber. Alexandrie 1908, le Caire 1909.

laient au xviiiᵉ siècle ont disparu, Anglais et Italiens se voient obligés de demander à la Monnaie de Vienne des millions de thalers de Marie-Thérèse destinés à être dépensés là-bas. L'Angleterre eut, en effet, l'occasion de faire cette expérience bien étonnante : ne pouvant payer les frais de ses guerres contre l'Abyssinie (1867 et 1886) avec ses propres monnaies, qui cependant ont cours dans presque toute l'étendue du globe, elle fut obligée de faire frapper à Vienne des thalers de Marie-Thérèse pour assurer l'approvisionnement de ses troupes. La guerre italo-abyssinienne de 1890 provoqua, elle aussi, une augmentation de la frappe des thalers[1]. Et cet événement se répéta encore pendant la guerre italo-turque de 1911 à 1912[2].

Mais n'est-ce pas cette fois-ci encore dans les pays dont la population est arabe ou arabisée socialement, religieusement, économiquement[3], que nous constatons cette prédilection pour la monnaie autrichienne?

Ce sont donc les Arabes, sans doute, qui pourront nous fournir les raisons du succès du thaler de Marie-Thérèse. Heureusement, de tous les peuples amateurs de ce thaler[4], ce sont eux qui nous offrent les caractères ethniques les plus prononcés ; cela facilitera nos recherches dans la voie indiquée.

1. Cf. Romers, p. 188 ; *Mitteilungen*, p. 547.
2. « *Neue Freie Presse* » du 22 octobre 1911, p. 20 (nᵒ 16.943). Cf. Statistique du monnayage (Notre *Appendice I*).
3. Ratzel, II, p. 513. 78, 169, 426, 434.
4. MM. Peez et Raudnitz nous en donnent la longue liste p. 87 et suiv.

Les Arabes et leur clientèle érythréenne se sont trouvés eux aussi en état d'assister ou plutôt de contribuer à la lutte éliminatrice entre les diverses monnaies d'importation ; c'est par l'exportation du café dit de « Moka » qu'ils ont eu, pour la première fois, l'occasion de prendre part dans une large mesure au commerce levantin[1].

Depuis la fin du xvii° siècle, « les deux tiers environ de la valeur des cargaisons apportées d'Egypte par les Français étaient fournis par une denrée, le café, presque inconnu en Europe cinquante ans auparavant... Ainsi le café remplaça en partie les marchandises des Indes qui ne venaient plus alimenter le commerce d'Egypte, car, jusqu'au milieu du xviii° siècle, tout ce qui se consommait de café venait d'Arabie[2] ». Même dans la période suivante, les cafés de Moka, « en dépit de toutes les vicissitudes, gardaient une grande importance ». En effet, tous, jusqu'aux médecins, leur donnaient, au xviii° siècle, la préférence sur les cafés de toute autre provenance[3]. —

---

1. Ch. Girard, Art. « Café » de la *Grande Encyclopédie*, p. 725, 732 : « Le café est originaire de l'Abyssinie ainsi que l'ont montré, en 1833, Rüppel, et en 1843 le Dr Roth... Les Arabes, séparés seulement de l'Abyssinie par un bras de mer, ayant chez eux le même climat, transportèrent les premiers le café dans leur patrie et le cultivèrent avec grand succès... Il est en tout cas certain que la culture du café a commencé dans le Yémen ou Arabie Heureuse... Le café passa en Egypte vers le commencement du xvi° siècle, et il ne fit son apparition en Europe que vers 1670. On le connaissait sous le nom de « café de Moka », parce que le port de Moka en était le centre d'exportation. Le nom commercial de cafés arabes est donné aux cafés provenant non seulement d'Arabie mais aussi d'Abyssinie et d'Egypte... »

2. Masson, *XVII° siècle*, p. 413. *Grande Encyclopédie*, art. cité, p. 725.

3. Masson, *XVIII° siècle*, p. 597. « Le café d'Arabie et celui d'Abyssinie est de toutes les sortes connues la plus estimée, la plus chère et la meil-

Eu égard au grand rôle de cette denrée qui, en Turquie, en Égypte, en Arabie, faisait « les délices des riches » et était un succédané de nourriture pour les pauvres, nous sommes en droit de supposer encore un commerce levantin intérieur très étendu de ce produit qui venait d'Arabie et d'Abyssinie[1].

C'est par ces faits que Bruce, qui a voyagé de 1768 à 1773, s'expliqua la grande importation de thalers en Arabie et surtout dans le Yémen[2]. Le cercle des clients des monnaies européennes se trouva ainsi élargi, et cela, on le devinera après tout ce que nous venons de dire, principalement au profit des thalers de Marie-Thérèse.

leure » (*Dictionnaire du Commerce*, I, p. 693, 17). Cf. « *Dissertation sur le caffé* » (sic), par M. Gentil, Docteur-Régent, à Paris, 1787, p. 22, 24.

1. Cf. Gentil, *ib.*, p. 27, 24. Palgrave (II, p. 33), nous affirme que les Orientaux n'aiment pas les cafés américains (Cf. *Dictionnaire du Commerce*, art. cité).

2. Cf. Perez et Raudnitz, p. 33, et n. 2.

CHAPITRE III

Avantages que trouvaient les Arabes à préférer le thaler de Marie-Thérèse aux autres monnaies de commerce.

———

Nous pensons être dès à présent en droit d'exclure de notre recherche tous les peuples qui n'ont cherché dans le thaler de Marie-Thérèse qu'un lingot estampillé. Nous croyons avoir assez parlé des commerçants qui le favorisaient à cause simplement de ses qualités économiques et de ses avantages commerciaux, et nous ne parlerons pas de ceux qui, exagérant ce seul point de vue, n'utilisaient cette monnaie que pour la refonte[1].

Malgré le reproche que l'on pourrait nous faire de nous répéter, nous devons rappeler ici que ce ne peut pas être à cette manière commerciale de voir que ce thaler a dû son succès séculaire ; ce n'est pas elle qui l'a fait préférer à ses équivalents sortis des ateliers monétaires des Etats faisant

---

1. PEEZ et RAUDNITZ, p. 95, 111, 112; MASSON, XVIIIᵉ siècle, p. 493 (Perse), p. 507 (Inde).

partie de la Convention de 1753. Il nous faut sortir du domaine économique pur pour trouver la cause d'une préférence matériellement non-justifiable accordée à cette chose de valeur peu idéale qu'est une pièce de monnaie. A notre avis, il y a là les indices d'une valeur d'amateur. A qui faut-il nous adresser pour en avoir la confirmation ?

Nous croyons avoir suffisamment indiqué dans le chapitre précédent quel est le point de rencontre des raisons d'ordre commercial, économique et politique qui ont favorisé l'introduction et la diffusion du thaler de Marie-Thérèse en Arabie, point de départ à son tour de la profusion extraordinaire de cette monnaie dans le Soudan et parmi les peuples érythréens. Tâchons donc ici de comprendre la manière de juger des Arabes et de nous expliquer les faits suivants :

1° Les principautés arabes indépendantes, ne frappant pas de monnaie propre, acceptent le thaler de Marie-Thérèse et le conservent jusqu'à nos jours[1].

2° Les territoires turcs à population arabe résistent le plus efficacement à la prohibition de l'importation et aux défenses de circulation du thaler de Marie-Thérèse[2].

---

1. HAUPT. p. 783 (toute l'Arabie). 841 (Zanzibar). *Consularber.* de Bagdad, 1900, p. 25 (Oman). *Revue musul.*, IV, 1908, p. 161 (Oman). Cf. PEEZ et RAUDNITZ. p. 211 (Mascate, Hadramouth, Zanzibar, Yémen).

2. M. MUSIL (*lettre particulière*). Cf. Henry DEUTSCH, p. 25 (littoral méridional de la Méditerranée), HAUPT, p. 565 (Tripolitaine), p. 772 (Syrie). 778 et 777 (Yémen, Hedjâz). p. 829 (Egypte). PEEZ et RAUDNITZ, p. 87, 91, 94. *Consularber.* de Bagdad, p. 17 (Nedjd), p. 25 (Bahrein et la partie turque du golfe Persique).

3° Les Arabes bédouins, ne dépendant d'aucune de ces puissances, insistent à l'occasion pour être payés en thalers de Marie-Thérèse[1].

Il est plus que probable, quoique cela semble un peu paradoxal, que l'acceptation par les Bédouins de cette monnaie a été la cause de son estime par les sédentaires de la côte. Les Arabes sédentaires, soit en Syrie, soit sur les côtes de la Mer Rouge, participant directement au commerce et aux autres relations internationales, étaient et sont, sans doute, plus accessibles à un raisonnement économique que les Arabes nomades du hinterland. Aussi, tandis que sur la côte la concurrence entre les monnaies de commerce se poursuit toujours[2], ce sont les nomades qui, en se prononçant en faveur d'une de ces espèces, comme nous venons de l'indiquer, finissent par lui attribuer une valeur « surchargée », même chez les sédentaires dépendant économiquement des Bédouins[3].

Nous verrons d'ailleurs jusqu'à quel degré ce fait tient aux caractères ethniques et sociaux de l'Arabe, et dans quelle mesure l'influence de facteurs étrangers a pu s'imposer[4].

1. (*Lettre particulière* de l'Université de Beyrouth). Cf. Peez et Raudnitz, 92 (Arabie), 99 n. 1, p. 101 n. 1, p. 107 n. 1 (Erythrée). Cf. Notre *App. III. Consularber.* de Bagdad, p. 17, p. 3 (B. ad XII. p. 9).

2. Peez et Raudnitz, p. 19, n. p. 90 n. 2. 109 n. 1. 92. 93 n. 1.

3. Musil, p. 47; Nöld., I, p. 9. 14, 17, 114.

4. Remarquons dès à présent que ce qu'ensuite nous constaterons comme caractères ethniques et sociaux de l'Arabe se trouve en première ligne, sinon uniquement chez les Bédouins pour lesquels la vie sédentaire en elle-même implique une dégradation sociale (Cf. Palgrave. I. *Introd.* Musil, p. 158, 172. Schwarz. *Westasien.* p. 251, 319).

A. *Raisons politiques.*

C'est d'abord par son origine même qu'une monnaie autrichienne se recommandait aux Arabes ; car cette monnaie était émise par une puissance qui n'avait pas de colonies, ni même de relations économiques directes avec les pays arabes. Ici, avant tout, il faut nous rappeler que, principalement en Orient, la monnaie est marque de souveraineté, « une sorte de proclamation, affirmation et déclaration numismatique de conquête et de suprématie. Quand l'imprimerie n'existait pas et que le journal était inconnu, une nouvelle frappe d'or ou d'argent était le plus efficace des moyens pour proclamer l'élévation d'un nouveau gouvernement ou l'ère d'une nouvelle religion ». (C'est probablement pour ces raisons qu'en 1599, la reine Elisabeth refusa l'autorisation à la Compagnie des Indes Orientales de faire circuler des monnaies espagnoles dans l'Inde et la requit de se servir des pièces portant l'effigie royale.) Lorsqu'un nouveau roi de Perse montait sur le trône, toute la monnaie existante dans le trésor royal était refrappée à son effigie[1]. « Chez les Arabes, les monnaies n'avaient de valeur que pendant la vie du prince régnant ; son successeur les mettait hors cours et en faisait frapper de nouvelles[2]. »

---

1. DEL MAR, p. 155 et les citations p. 36, 37.
2. HEYD, I, p. 67.

A Rome aussi, on regardait avec raison le monnayage comme une sorte de « Gazette d'Etat ». Le premier acte d'un souverain romain après son élévation, élection ou proclamation par les légions, était de frapper des monnaies; cet acte étant estimé la marque la plus sûre de sa souveraineté. Aussi les Romains célébrèrent-ils leur prise de possession de l'Arabie en frappant des monnaies [1], et « Justinien Rhinotmète (670 à 711) déclara la guerre aux Arabes parce qu'ils avaient payé le tribut en pièces d'or d'un nouveau type arabe et non en pièces à l'effigie impériale [2] ».

Peut-être ce fait va-t-il nous expliquer pourquoi les Arabes de Syrie et d'Egypte se sont contentés pendant longtemps de monnaies de verre sous l'Empire romain, et surtout à l'époque Byzantine [3]. Leur goût d'indépendance leur défendait sans doute d'accepter la monnaie romaine, ce qui, selon leur opinion, aurait été l'indice le plus sûr de leur soumission politique. En effet, « trois siècles avant le temps du Prophète, les tribus limitrophes de l'Arabie s'étaient aventurées à résister à l'autorité de Rome [4] ». La monnaie égypto-romaine non plus ne pouvait pénétrer ni en Abyssinie, ni dans aucune autre partie de l'Afrique orientale [5].

---

1. MOMMSEN, *Histoire rom.*, trad. fr., XI, p. 49.
2. MOMMSEN, *Monnaie rom.*, III, p. 19. LENORMANT, II, p. 427. DEL MAR, p. 44, 55, 37, 39.
3. BABELON, I, p. 378.
4. DEL MAR, p. 53. WINKLER, *Arabien...* p. 240, 241.
5. MOMMSEN, *Monnaie romaine*, III, p. 338.

Tout autre avait été le sort des monnaies de commerce émises par Athènes. « Dans tout l'Orient, les Chouettes athéniennes circulèrent en abondance aux ve et ive siècles avant notre ère. Tout d'abord, les Orientaux se contentèrent de contremarquer les monnaies athéniennes. Philistins, Arabes et Egyptiens se sont donc servis au début des monnaies de provenance attique. Puis, quand ce numéraire importé d'Athènes fut devenu insuffisant pour la solde des mercenaires grecs, on fabriqua des monnaies autant que possible pareilles à celles auxquelles les soldats étaient habitués [1].

… Ainsi, on frappa dans le sud de l'Arabie, en Egypte, en Mésopotamie, en Perse et jusque dans l'Inde, des monnaies qui n'étaient que la copie servile et barbare des monnaies d'Athènes d'ancien style… [2], et même postérieurement à Alexandre, on imitait encore les Chouettes athéniennes dans la Basse-Egypte et dans la région palestinienne et arabique [3]……

« Un peu plus tard, les monnaies d'Alexandre devenues aussi populaires et aussi répandues dans l'Orient que les anciennes Chouettes athéniennes, furent comme ces dernières copiées dans les ateliers monétaires de l'Arabie. Ces imitations des Tétradachmes d'Athènes et d'Alexandre se prolongèrent en Arabie jusqu'au premier siècle de notre ère [4]… On imita et copia les Chouettes d'Athè-

1. BABELON, II, p. 671
2. Id., *Ib.*, p. 637.
3. Id., *Ib.*, p. 14.
4. Id., *Ib.*, p. 690.

nes comme aujourd'hui, dans certaines régions de l'Afrique, on imite les thalers de Marie-Thérèse[1] ».

Or, ce qu'on pouvait dire du caractère des Arabes d'il y a vingt siècles, on peut le soutenir encore de ceux du XVIIIe siècle et de ceux de nos jours. Les arabisants cités dans les chapitres suivants sont d'accord pour admettre la presque identité de la vie et des coutumes de l'Arabe nomade actuel et de celles de ses ancêtres. De même que les Arabes n'eurent pour les Romains que de l'inimitié, de même ils n'eurent dans la suite, pour les Turcs, que de la haine, et ceci nous est attesté par des auteurs qui à différents points de vue ont étudié la vie et les mœurs arabes[2]. A cet égard, l'animosité qui, au XVIIIe siècle, existait entre l'Autriche et la Turquie, ne pouvait que fortifier un préjugé en faveur d'une monnaie autrichienne.

Qu'on ne s'étonne pas de trouver les Orientaux aussi renseignés sur les mouvements et la situation politiques de l'Europe. Les courtiers, dont nous avons tâché d'esquisser le rôle important pour ce commerce er*re l'Arabie et l'Europe, rapportaient également aux Levantins les renseignements de toute espèce utiles aux besoins de leur négoce. M. Masson cite quelques exemples de l'in-

---

1. BABELON, p. 13.
2. Cf. MUSIL, p. 89 et suiv. RECLUS, p. 878, MASSON, *XVIIIe siècle*, p. 283, 286 et suiv., 289 et suiv. Notons, en passant, que la révolte de l'Egypte contre la Turquie, en 1768, s'exprima par une frappe de monnaie égyptienne, sans autre proclamation d'indépendance (MASSON, *ibid.*, p. 305).

térêt que prenaient les Orientaux à la politique européenne[1].

L'Autriche, comme nous l'avons déjà remarqué, n'avait pas de relations économiques directes avec le Levant, et durant toute la seconde moitié du xviii⁰ siècle, on ne peut constater que des tentatives plus ou moins heureuses pour se tenir à la hauteur du rôle qu'elle avait à jouer en tant que voisine de la Turquie[2]. Or, l'influence économique ne devint-elle pas en ce siècle le prétexte d'une immixtion politique des nations européennes auprès des peuples d'Orient? Portugais et Hollandais avaient précédé les Anglais dans cette activité à la fois politique et économique que Tarde qualifiait si justement de « commerce guerrier[3] ». C'est cela qui constituait essentiellement ce qu'on appelle la politique mercantiliste[4]. Rappelons à cette occasion l'indication curieuse, donnée par M. Masson[5], d'un mémoire de la seconde moitié du xviii⁰ siècle où la Turquie est considérée comme une colonie de la France. C'est dans cet ordre d'idées que nous rappelons aussi les projets de conquête de l'Egypte par la France[6]. Mais l'Egypte n'était-elle pas justement « le pays de l'empire où les Francs sont les plus mal vus[7] » ? Et rappelons encore une fois que le commerce

1. MASSON, *ibid.*, p. 278, 279.
2. Cf. BEER, *op. cit.* Voy. *supra*, p. 24.
3. BONNASSIEUX, p. 35. TARDE, II, p. 108, n. 1.
4. *H. W. B. der Staatsw*, t. V., art. *Merkantilismus*, p. 752, n° 10.
5. *XVIII⁰ siècle*, p. 279.
6. *Ib.*, p. 559, 566.
7. *Ib.*, p. 301.

français dans le Levant atteignait son apogée précisément au moment du plus grand déclin du
prestige politique de la France[1].

Il va donc sans dire que les peuples d'Orient,
jaloux de leur liberté et habitués à regarder la
monnaie comme un indice de souveraineté, devaient choisir de préférence les pièces d'un Etat
dont ils n'avaient à redouter ni l'influence économique ni l'influence politique.

A un autre point de vue encore, cette absten-
tion de l'Autriche du champ de bataille où l'on se
disputait sa monnaie devait être pour le thaler
une raison de plus d'être prisé. Il en résultait que
son importation revêtait un caractère purement
commercial, et le risque couru bénévolement par
les marchands qui l'acceptaient en paiement sans
avoir ni la garantie officielle de sa valeur, ni l'obli-
gation assurée de son cours, prouvait sa valeur
intrinsèque. M. Masson[2] nous dit d'ailleurs qu'en
matière économique la population turque était
toujours hostile à ce que le gouvernement ottoman voulait favoriser et inversement.

On voit ainsi que, tandis que d'autres monnaies
étaient protégées par les gouvernements des
Etats colonisateurs, ce sont des raisons toutes
contraires qui favorisaient le thaler de Marie-Thérèse. Le caractère économique de l'Autriche était

1. *Ib.*, p. 279.
2. *Ib.*, p. 280.

la meilleure sauvegarde contre les dangers dont l'Orient était menacé de la part des peuples coloniaux et mercantilistes, volontiers enclins à regarder le droit de battre monnaie comme un droit fiscal et amenés facilement à en abuser. Cela nous est démontré par la politique monétaire de la Compagnie des Indes Orientales dans la seconde moitié du xviiie siècle, par les frappes des Portugais à Goa et celles des Hollandais pour les Indes[1].

B. *Emploi spécial du thaler de Marie-Thérèse pour la parure. — Les orfèvres des Arabes.*

Abordons maintenant les raisons subjectives et sociales qui engagèrent l'Arabe à se prononcer en faveur du thaler de Marie-Thérèse en tant que tel, après qu'il lui eut été déjà recommandé par sa provenance. Les Arabes qui ne voyaient pas en lui, comme les orfèvres des Indes, un simple lingot de métal précieux, devaient surtout en considérer et en admirer l'extérieur, après toutefois s'être convaincus de sa bonne qualité.

C'est ici l'occasion de rappeler ce fait curieux que les primitifs préfèrent généralement l'argent à l'or quand les deux leur sont offerts[2]. Cela tient

---

1. Cf. DEL MAR, p. 9 et suiv., 152 et PREZ et RAUDNITZ, p. 125 (témoignage de Schmieder sur les monnaies de mauvais aloi frappées pour les Indes).

2. ILWOF, p. 18 et 35. SCHURTZ, p. 116 et les exemples p. 117. LUSCHIN, p. 33, 130 *Numism. Zeitschr.* 1895, t. XXVI, p. 43. RECLUS, t. IX, p. 879. ROHLFS, p. 188.

probablement à ce que la valeur d'une mince lamelle d'or est représentée par une pièce d'argent beaucoup plus grande et de plus belle apparence, ce qui permet une glyptique plus soignée, une forme plus favorable pour la circulation et, en Orient, au besoin, son adaptation au goût de la parure[1]. Ce n'est que le développement assez tardif de la conception économique qui a fait naître l'envie d'exprimer une grande valeur par une petite masse. Mais chez ces peuples, où la monnaie devient un objet de parure et inversement[2], et où quelquefois toute la richesse individuelle se trouve représentée par cette parure, il va sans dire que, plus on s'expose à la convoitise des regards, plus on s'impose; c'est la quantité, la masse qui l'emporte, et l'art semble s'en trouver mieux aussi[3].

Cela pourrait contribuer encore à expliquer pourquoi en Orient, depuis l'antiquité et durant le règne brillant des Khalifes, la valeur de l'argent comparée à l'or se trouve majorée et bien supérieure à ce qu'elle est en Europe[4]. Le rapport entre l'argent et l'or, tel qu'il existait dans l'empire arabe à partir d'Abd-el-Mélik (fin du viie siècle) « fut cette évaluation orientale de 6 1/2 pour 1 qui marqua, pendant plusieurs siècles, la

1. D'après M. HELFFERICH (*op. cit.*, p. 42), les premières grandes pièces d'argent du moyen âge n'étaient que des imitations de monnaies orientales. Cf. SCHAUBE, p. 116 et 119.

2. SCHURTZ, p. 74, 118, 119.

3. Id., p. 117. Dans tout le domaine de l'Islam la parure d'or est moins considérée que la parure d'argent. Voyez cependant RATZEL, *Völkerk*, II, p. 76.

4. SHAW, p. 237. DEL MAR, p. 154 et suiv.

ligne de séparation entre les Etats musulmans et les Etats chrétiens[1] ». C'est que, en Orient, « l'argent a toujours été l'objet d'un culte fort exclusif »; ce culte est même si répandu en Extrême-Orient que l'on a pu, à propos des Chinois, opposer le goût de la race jaune pour le métal blanc au goût de la race blanche pour le métal jaune[2]. Notons, à cette occasion, la résistance des Orientaux contre la monnaie d'or introduite dans l'Inde par les Anglais[3]. Aussi le gouvernement anglais s'est-il vu bientôt dans la nécessité de reprendre la frappe des roupies pour son propre compte[4].

Or, les Arabes bédouins qui n'estimaient pas le travail manuel[5], devaient trouver tout fait et bien fait dans cette monnaie de leur choix ce qu'ils cherchaient en matière de parure[6]. La constatation du mépris des métiers manuels et de ceux qui les exercent, même des plus indispensables à un peuple guerrier et cavalier (par exemple celui du forgeron), cette constatation, disons-nous, pourrait une fois de plus nous expliquer la prédilection séculaire de l'Arabe pour les monnaies de commerce. Mais n'avons-nous pas donné plus haut des exemples de frappes arabes ou cité des pièces frappées en Arabie ? Loin de nous

---

1. Del Mar, p. 55.

2. Léon Say, cit. Foville, p. 47.

3. *Consularber*. Calcutta 1902, p. 5. Calcutta 1903, p. 54.

4. *Ib.*, Bombay 1902, p. 9. 1903, p. 7. Calcutta 1903, p. 22. Zanzibar 1904, p. 12.

5. Ratzel, II, p. 169, 428, 434.

6. Cet emploi de la monnaie surtout chez les Arabes est attestée à plusieurs reprises par Schurtz (*Op. cit.*, p. 12, 118, 119).

croire contredit par ces faits, nous espérons y trouver un nouvel appui pour notre thèse.

Ce qui, sans doute, pourra le mieux nous renseigner sur ce point, ce sont les frappes des Arabes exécutées lors des premières conquêtes de l'Islam. Eh bien, au moment même où c'était à eux de lancer dans le monde les signes de leur souveraineté,... des étrangers leur servaient de monnayeurs : Grecs, Juifs et Persans[1]. Bien plus, « les dimensions, types et inscriptions des pièces, leur poids et titre, valeur, fonction légale et autres choses caractéristiques, étaient copiées exactement d'après les monnaies courantes et le système monétaire des nations subjuguées ». Mais, nous dit-on, « sous Abd-el-Melik tout cela fut réformé; les monnaies devinrent tout à fait arabes ». Néanmoins, des prédilections locales restèrent attachées à certaines frappes; ainsi, les pièces d'argent se frappaient en première ligne à Damas, où se trouvait la Monnaie principale des Ommeyades, tandis que les espèces d'or étaient de frappe persane[2]. Ici encore il n'est pas dit qu'à partir de ce règne les monnayeurs, eux aussi, aient été Arabes. Et quand on parle des monnayeurs arabes, qui plus tard exerçaient leur métier au service de princes européens[3], on devrait tenir compte de ce qu'en ces temps, pour deve-

1. Del Mar, p. 54.
2. Engel et Serrure, I, p. 195.
3. Del Mar, p. 61.

nir Arabe, il ne fallait que parler la langue du Coran [1].

C'est cette circonstance qui fit que « l'arabisation » de la monnaie ne put, au premier moment, avoir d'autres conséquences que de fortifier la prééminence des Juifs dans les fonctions de monnayeurs, vu la parenté de race et de langue entre les deux peuples. Et, en effet, nous constatons déjà dans l'antiquité et le moyen âge arabes l'activité des Juifs comme commerçants, comme bijoutiers et orfèvres des Arabes [2]. Le recrutement des monnayeurs se faisant, depuis des siècles, en Egypte comme en Syrie, parmi les orfèvres [3], voilà encore un des exemples d'une coutume locale maintenue par les Ommeyades. Rappelons-nous d'ailleurs que sous le régime des Bédouins syriens (Ommeyades) l'esprit arabe a prévalu en bien comme en mal [4].

On sait que les professions et les métiers ont un caractère héréditaire en Orient [5]. C'est ce qui, selon nous, justifie le détour que nous venons de faire à travers les siècles pour comprendre historiquement le rôle déjà indiqué, des Juifs dans la propagation, parmi les Arabes, des monnaies de commerce en général et du thaler de Marie-Thérèse en particulier. Nous y reviendrons.

---

1. GOLDZIHER, I, p. 117.
2. WELLHAUSEN, p. 198. *The Jewish Encyclopedia*, New-York-London, 1902-1906, I, p. 42, VI, p. 32. Cf. SLOUSCHZ, *Judéo-Hellènes*, p. 126.
3. BABELON, I, p. 844. Cf. LENORMANT, III, p. 250 et suiv.
4. SCHURTZ, *Westasien*, p. 320, 353. Cf. GOLDZIHER, II, p. 29, 50.
5. SLOUSCHZ, *Hébréo-Phéniciens*, p. 93.

.˙.

Après avoir constaté que le mépris des métiers
avait depuis des siècles réduit l'Arabe à une certaine dépendance de l'artisan juif et, ce qui nous
intéresse spécialement, de l'orfèvre et du mon-
nayeur juif, cherchons pourquoi le Bédouin estime
les monnaies surtout en tant que matière de parure.

Dès que les Arabes eurent entre les mains le
thaler de Marie-Thérèse, leur première impression dut être d'ordre esthétique, avant même qu'ils
se fussent rendu compte de son exacte valeur;
et pour eux sa valeur réside surtout en ceci, que
l'image gravée sur cette monnaie flatte la sensua-
lité orientale[1]. Ajoutons, à titre de comparaison,
que M. Lenormant parle de la répugnance des
Romains pour les effigies de femmes sur les monnaies, tandis que M. Goldziher indique la frappe,
au VIIe siècle, de pièces à l'effigie d'une princesse
égyptienne. « Nous savons maintenant », dit M. Lagrange, « que les Arabes étaient parfois gouvernés
par des reines, et les monnaies des Nabatéens
associent le profil de la reine à celui du roi. » Cela

---

1. SCHURTZ, p. 122. PREZ et RAUDNITZ, p. 32, n. 1, p. 36. ERNST, *Op. cit.*
M. LUSCHIN, lui aussi admet des raisons sensuelles et esthétiques dans le
jugement de la valeur économique d'une monnaie. Il a bien voulu, dans
une *lettre particulière*, nous en donner plusieurs exemples, se référant
d'ailleurs au *Handwœrterbuch* de SCHMIEDER.

vient encore renforcer ce que nous prétendons sur le goût des Orientaux pour les impressions sensuelles en matière numismatique[1].

Mais, si déjà la pièce isolée a pu répondre au goût arabe, des voyageurs ont de plus constaté un rapport entre la coiffure de Marie-Thérèse, telle qu'elle est représentée avec son voile de veuve, et la singulière manière qu'ont les femmes arabes d'orner et de coiffer leur chevelure. Nous devons à M. Musil, professeur d'arabe à l'Université de Vienne, d'avoir attiré notre attention sur ce rapprochement[2].

Etant donnée la ressemblance curieuse qui existe entre la coiffure de l'Impératrice et les coiffures arabes décrites par M. Musil, d'où vient cette rencontre? Nous le dirons plus loin. En tous cas, les dames de la cour impériale au xviiie siècle n'avaient sûrement pas pour règle d'imiter dans leur parure les primitifs. Ceux-ci croient voir dans un produit d'art ou d'industrie venant de l'étranger ce qu'ils sont habitués à voir autour d'eux, ce qui en aucun cas ne peut dépasser l'horizon étroit de leurs points de vue. Bornons-nous à citer comme exemples numismatiques analogues le cas du Colonnado, que les Arabes avaient surnommé « Père des canons », et de l'Abouquel, c'est-à-dire

---

1. LENORMANT, II, p. 5o5 et suiv. GOLDZIHER, II, p. 63, n. 4. Fr. M.-J. LAGRANGE, dans le *Correspondant* du 10 mai 1912, p. 481.

2. *Lettre particulière.* Cette parure a été étudiée par M. MUSIL au cours de ses nombreux voyages parmi les tribus arabes. Il en donne les reproductions et la description dans son ouvrage *Arabia Petraea*, III, fig. 37, 38. Cf. *Nouveau Larousse Illustré*, art. *Arabe* et *Algérie* (planche).

du « Père du chien »[1]. Ce genre de jugement s'applique aussi au thaler de Marie-Thérèse. Le voile de deuil figurant à leurs yeux le fichu de la dame arabe « à la mode »[2], ils ne voient dans le diadème impérial que le frontal qui soutient, chez la femme arabe, la parure de la chevelure. Les fleurons de la couronne, pris sans doute pour des pièces monéta'res, sont soigneusement comptés avant l'acceptation du thaler[3]. MM. Peez et Raudnitz citent plusieurs auteurs qui rapportent que le diadème et l'agrafe sur l'épaule du buste de l'Impératrice doivent être bien visibles pour que l'acceptation du thaler soit garantie[4].

Ce qui, d'un autre côté, est sûr pour les pays d'Orient et d'ailleurs ressort de ce que nous venons de dire sur l'hérédité du métier d'orfèvre, c'est que la parure et la manière de la mettre doivent être soumises, elles aussi, aux lois de la tradition[5]. Cette parure, donc, avec tout ce qui s'y rattache, loin d'être aujourd'hui copiée sur celle que les Arabes voyaient à l'Impératrice, doit avoir son origine dans la haute antiquité arabe, ou bien dans le passé du peuple qui, depuis l'antiquité, lui a fourni ses bijoutiers, ses orfèvres.

---

1. Cf. Peez et Raudnitz, p. 3o, 1o8, n. 2, p. 31. Rohlfs, p. 188, n. 1. M. Hauser a eu l'obligeance de nous indiquer un autre exemple, par lui observé dans l'Andalousie semi-mauresque.

2. Cf. Musil., p. 66, fig. 33.

3. *Lettre* de M. Ferrand.

4. *Op. cit.*, p. 136. Sur le rôle de l'agrafe dans le costume arabe, cf. la 21ᵉ *diss.* de l'abbé Mignot, p. 156. Musil., p. 162 et suiv.

5. Cf. Racinet, III, description de la planche 14o, *Bijouterie Orientale*.

Le caractère le plus saillant de cette parure est d'être composée essentiellement de pièces de monnaie reliées entre elles, d'être appliquée sur la chevelure et soutenue par un frontal[1]. Or, en parcourant le magistral ouvrage de Racinet, on peut constater, il est vrai, que plusieurs autres peuples encore s'appliquent des bijoux et des joyaux sur la chevelure; mais, en y regardant de près, il saute aux yeux que la mode arabe est un genre à part[2]. La ressemblance devient toutefois palpable entre cette parure arabe et celle que l'on voit chez les Touaregs et les Slaves du Sud. Or, Racinet lui-même, après avoir admirablement peint et décrit la coiffure des femmes touaregs, suppose une origine arabe ou plutôt syrienne à cette manière de se parer des Sahariennes. « Les Touaregs blancs s'habillent comme les Arabes. Il semble, à voir cette femme [touareg de Biskra] surchargée de parures comme une idole syriaque, qu'un reflet direct asiatique, passant par l'Egypte et le Fezzan, se soit immobilisé dans le goût des dames du pays. Les cheveux nattés, le cercle orfévré, la jugulaire en chaînettes, les rangées de sequins, les colliers d'amulettes et d'orfèvrerie, les bagues, parlent assez pour qu'il soit inutile d'insister[3]. »

Mais ces joyaux, ne seraient-ils pas sortis du sein d'un même groupe ethnique, ne seraient-ils

1. Mesih, p. 170.
2. Racinet, III, planche 129, n** 1, 2, 3; planche 131, n** 16, 19, 20, 21 et planche 132, n** 1, 2. Cf. Ib., planche 179, n° 5 et planche 180, n° 4.
3. Racinet, planches 140, 165. Cf. Ibid., surtout planche 165, n** 1, 3, 10.

pas exécutés selon les mêmes procédés traditionnels ? En effet, le Sahara, lui aussi, comme l'Arabie, connaît « l'artisan ambulant des métaux », orfèvre et armurier à la fois. Et « ce sont les Juifs encore qui ont, pour ainsi dire, le monopole de l'orfèvrerie dans ces contrées[1] ». Les nomades juifs, ou *Bahouzim*, « réunissent l'art de la guerre aux arts de la paix. Aujourd'hui encore, ces Bédouins juifs sont les orfèvres, les forgerons et les tisserands des populations du désert[2] ».

Or voici que Racinet nous offre la reproduction des coiffures des femmes slaves du Sud, chrétiennes et musulmanes, coiffures qu'il suppose d'une origine assyrienne ou médique[3] et qui, en tout cas, nous rappellent de très près celles des Arabes. — N'oublions pas que le Slave du Sud méprise, lui aussi, « les travaux manuels autres que ceux de l'agriculture : s'il tient d'ordinaire les Allemands en médiocre estime, ce serait même, dit-on, parce que la plupart de ceux-ci viennent travailler comme artisans dans les villes de la Serbie[4] ». Au Monténégro, ce sont les Tsiganes qui actuellement exercent le métier de forgeron et de serrurier : « Nul Monténégrin ne voudrait exercer leur profession méprisée. Ils sont tenus à l'écart et n'ont pas le droit de se marier dans les familles des Serbes[5] ». Serait-il donc trop

---

1. *Ib.*, description des planches 185 et 188. Cf. Slouschz, p. 249.
2. Slouschz, *Hébréo-Phéniciens*, p. 75. *Jew. Encycl.*, VIII, p. 517.
3. Racinet, t. VI, pl. 482, nᵒˢ 7, 5, 8, pl. 483, nᵒ 20.
4. Reclus, I, p. 289.
5. Id., *ib.*, p. 207.

hardi de placer l'origine de la coiffure yougo-
slave dans les relations, très fréquentes dès le
VIe siècle, des Juifs africains avec les pays slaves ?
D'après M. Slouschz, « l'Illyrie, à un moment
donné, porte le nom de pays d'Israël[1] ».

C'est donc chez les Juifs que nous amène l'exa-
men des parures capillaires étudiées par Racinet.
Les femmes juives, en effet, semblent avoir pratiqué dès la plus haute antiquité cette singulière
manière d'orner leur chevelure[2]. Les peintres,
tant anciens que modernes, qui ont représenté des
sujets bibliques, ont presque toujours donné aux
femmes juives une coiffure identique à celle que
nous décrivons[3]. C'est là, nous semble-t-il, qu'est
l'origine de cette « mode » arabe qui se flatte
tant de se voir imitée, confirmée, glorifiée, dans
le costume d'une reine. C'est ce qui fait que les
femmes surtout donnent la préférence au thaler
autrichien[4].

Quel que soit donc le point de vue que nous
choisissons, nous ne pouvons pas méconnaître le
rôle curieux que jouent les marchands et les artisans juifs dans la diffusion du thaler de Marie-
Thérèse parmi les Arabes. Et s'il peut encore
subsister quelque doute sur le rôle prépondérant
des Juifs dans le commerce du littoral arabe de

---

1. Slouschz, p. 103, n. 2.
2. Cf. la 21e *dissertation* de l'abbé Mignot, p. 149, 162. *Jewish Encycl.*,
IV, p. 293 et 294, VI, p. 292. Cf. *Ibid.*, VIII, p. 512. Cf. *Grande Encyclopédie*, art. *Coiffure*, IX, p. 854. *Nouveau Larousse Illustré*, III, p. 94.
3. Voy. *Illustr. Katalog des Kunstverlags « Phönix »*, Berlin 1903, n°s 219,
250, 518, 202, 152.
4. M. Musil, *Lettre particulière*.

la Méditerranée, la question nous semble du moins complètement résolue en ce qui concerne la propagation du thaler.

Tâchons encore de comprendre cette mode singulière de la parure féminine et de son application sur la chevelure. Chaque parure, dit M. Wellhausen[1], en attirant le regard, protège par là celui qui la porte contre le « mauvais œil »; mauvais œil d'envie ou d'admiration, mauvais œil qui, selon l'opinion des Arabes, a pour conséquences la maladie et la mort. Aussi, chez les Arabes, « parure » et « amulette » sont-elles synonymes, et ne se distinguent-elles pour ainsi dire pas. Tout ce qui frappe les yeux sert de parure aussi bien que d'amulette. Cependant, non-seulement la personne, en tant que telle, a besoin d'une protection contre ce mauvais œil, mais aussi, et plus particulièrement, la partie de son corps qui est censée être la plus exposée à cette sourde influence magique[2].

Or, chez la femme, c'est la chevelure que l'on admire le plus et qui est le plus soumise aux maléfices. Elle est le thème inépuisable des chants d'amour[3]. La jeune élégante, ayant la tête couverte

1. *Op. cit.*, III, p. 155.
2. Expl. chez Wellhausen, *loc. cit.* de l'application d'amulettes même sur les mollets.
3. Mufl, p. 175, 178, 201, 204, 205.

d'un fichu de soie rouge ou noire, le laisse souvent tomber sur les épaules « pour montrer sa chevelure [1] ». — La preuve décisive de l'importance de la chevelure féminine dans la vie sensuelle des Arabes semble se trouver dans une des règles de leur culte des morts [2], règle qui nous prouve d'abord l'estime pour la femme elle-même, et ensuite la considération esthétique pour sa coiffure. Cette règle ordonne à la femme le sacrifice de certaines parties de sa chevelure en l'honneur des morts de sa famille.

Pourquoi ? « Le sujet qui sacrifie est, par la partie de sa personne qui est offerte, en communication avec le dieu ! [3] » Et c'est précisément ce que veulent atteindre les Arabes par leur culte des morts [4]. Le mort, chez eux, appartient encore à la société ; on lui parle, on le salue, on boit et mange auprès de son tombeau et on lui donne à boire. Les Arabes ne veulent pas renoncer à la conviction qu'il se trouve encore parmi eux ; on le fait encore participer aux « biens de la vie » terrestre [5]. Or, « la chevelure contenant une partie de la personnalité de celui qui l'offre, l'acte de l'offrande exprime parfaitement la continuation de la solidarité réelle du mort et du vivant..... [6] » Mais, pour que la femme puisse remplir cette

---

1. Musil, p. 170 et fig. 37, 38.
2. Id., p. 160, 162, 427. Goldziher, I, p. 247 et suiv.
3. *Essai sur la nature et les fonctions du sacrifice.* Par Henri Hubert et Marcel Mauss (*Année Sociologique*, II, 1899), p. 39 : *Offrande de la chevelure.*
4. Wellhausen, p. 118, 161, 162.
5. Id., p. 162, 164. Musil, p. 390, 414, 427, 450 et suiv.
6. *Année Sociologique*, IV, 1901, p. 194 (Analyse).

fonction sociale, il faut qu'elle ait elle-même une haute situation d'estime et que, de plus, la chevelure soit censée être un facteur assez important de la beauté féminine[1]. On veut plaire au mort et le vénérer en lui offrant une partie de ce qu'il aimait en ce monde[2].

N'oublions pas que les règles de cette offrande sont des plus minutieuses. Ainsi, tandis que les femmes se coupent les nattes des tempes en cas de décès d'un proche parent, à la mort d'autres parents les cheveux sont seulement décoiffés et les pointes coupées[3]. Pour un héros célèbre, toutes les femmes de la tribu en font autant[4].

Nous remarquons en même temps les cas fréquents de remariage des veuves[5], ce qui, étant donnée la considération de la chevelure dans la vie sensuelle, nous explique pourquoi, tout en voulant continuer les relations avec les morts, les égards aux survivants ont fait réglementer ce sacrifice. Ainsi, M. Musil note des règlements de ce genre pour la veuve et les sœurs cadettes du défunt « si elles sont jeunes » encore[6]. Et, dès lors, le raisonnement sur la nature et les fonctions du

---

1. HUBERT et MAUSS, p. 63 : les conditions que la victime est tenue de remplir.
2. Cf. aussi le sacrifice en l'honneur du défunt de son animal préféré (MUSIL, p. 452, 454, 456).
3. Idem, p. 162.
4. WELLHAUSEN, p. 181.
5. MUSIL, p. 173, 174.
6. Idem, p. 427. Certaines parties de leurs nattes sont coupées et attachées au-dessus du tombeau. Ces femmes ne portent pas de parure pendant toute une année.

sacrifice nous paraît entièrement applicable à notre cas : « Le renoncement personnel des individus[1] ou des groupes à leur propriété alimente les forces sociales. Non, sans doute, que la société ait besoin des choses qui sont la matière du sacrifice; tout se passe ici dans le monde des idées, et c'est d'énergies mentales et morales qu'il est question. Mais l'acte d'abnégation qui est impliqué dans tout sacrifice, rappelant fréquemment aux consciences particulières la présence des forces collectives, entretient précisément leur existence idéale. Par le prélèvement qu'ils font sur les choses dont la société a réservé l'usage, ils acquièrent le droit d'en jouir[2] ».

La chevelure de la femme doit donc jouer un rôle relativement grand dans la vie sensuelle et esthétique de l'Arabe. La parure de cette chevelure a, par définition, une certaine fonction sociale à remplir. Dès lors, tout ce qui influence la femme dans son choix du thaler servant de matière première à cette parure, tout cela fait partie des éléments constitutifs de la valeur de cette monnaie.

Etant donnée d'un côté la valeur exagérée accordée à une pièce monétaire en raison de la grande facilité de s'en servir comme objet de parure, il faudra d'autre part que la femme destinée à en

---

1. N'y a-t-il pas ici un renoncement de la part de la femme, de la part d'un nouveau mari et, dans cet ordre d'idées, de la part même du mort?
2. Hubert et Mauss, p. 135.

être parée ait elle-même une situation assez élevée dans la société arabe pour que nous puissions regarder comme suffisamment établi le fait que les traits féminins de l'effigie de notre thaler entrent en vérité pour quelque chose dans son appréciation subjective.

CHAPITRE IV

La constitution de la société arabe et son importance pour l'explication de la valeur « surchargée » accordée au thaler de Marie-Thérèse.

———

A. *La considération sociale de la femme.*

Pour pouvoir établir que la faveur accordée par les Arabes au thaler de Marie-Thérèse tient aux traits féminins de l'effigie de cette monnaie, il nous faut d'abord nous demander si, par d'autres données tirées de la vie et de la coutume arabes, cette faveur est facilement compréhensible et, pour ainsi dire, naturelle, ou si elle exige, au contraire, des explications spéciales. Insistons encore une fois sur l'ascendant qu'a l'habitude sur les âmes primitives. La parure traditionnelle, comme toute autre tradition, devient vite coutume, règle et loi sociale. Or, ne savons-nous pas « que chaque sexe évite soigneusement tout emprunt au costume de l'autre[1] »? Les membres

———

[1] *Revue musulm.*, t. IV, 1908, p. 218. « *La parure, les vêtements et le voile* » (analyse).

mâles de la tribu ne sont donc pas directement intéressés à cette parure composée de thalers. Si, malgré cela, *toute la tribu* donne une certaine préférence à ces monnaies, elle le fait à cause de leur extérieur d'abord, qui répond au goût oriental et, *last, but not least*, pour plaire aux femmes qui doivent s'en parer. La monnaie parure est d'ailleurs la forme bien connue de thésaurisation pratiquée en Orient, notamment chez les Arabes[1]. Remarquons ensuite que la femme elle-même, en faisant le commerce pour son propre compte[2], a toujours eu l'occasion de se prononcer en faveur de telle ou telle pièce de monnaie. — Mais, pour que la femme puisse directement ou indirectement influencer le choix de cette monnaie par la tribu même, il faut qu'elle ait une position sociale qui justifie cette influence.

Or, l'état d'infériorité sociale de la femme en Orient n'est-il pas proverbial? Qui dit pays musulman, dit soumission complète, esclavage de la femme. « Aux yeux de l'Islamisme, la femme est l'inférieure de l'homme et par conséquent lui doit être soumise[3] ». Mais, chez les Arabes, cette infériorité n'existe que pour et par l'Islam. « Avant Mahomet, c'est-à-dire dans le paganisme des Arabes, la femme avait une influence sociale et un relief que la religion nouvelle a effacés.... Il y avait de riches espérances pour le développement de la

1. SCHURTZ, p. 12
2. Cf. *Revue musulm.*, t. XIII, 1911, p. 186 et suiv.
3. Dr PERRON, p. 24.

femme arabe ancienne si l'Islam l'avait élevée à une place morale qui eût été convenable[1] ».

Est-il donc utile de nous occuper ici de la situation anté-islamique de la femme arabe ? — Remarquons d'abord qu'il est universellement reconnu que la vie du Bédouin arabe se meut, aujourd'hui encore, dans les mêmes limites qu'il y a deux mille ans[2]. Les conditions de la vie au désert font que « la vie collective a gardé chez les Bédouins une grande intensité et que l'ancienne ossature sociale y est restée à peu près intacte[3] ». Ne nous parle-t-on pas, en même temps, du peu de sens religieux qu'on peut constater chez ces Bédouins qui, aujourd'hui encore, comme au temps de Mahomet, sont réfractaires à l'Islam ? « Peu de peuples de l'Asie occidentale ont relégué les sentiments religieux aussi complètement à l'arrière-plan que les habitants du désert arabique. Le véritable Bédouin le fait encore aujourd'hui[4]. »

Or, chez les Bédouins non-musulmans, la position sociale de la femme est tellement élevée qu'elle est devenue un modèle pour les mœurs chevaleresques, où l'estime de la femme nous semble portée à son comble. En entrant ici dans le détail, nous espérons trouver la justification et l'explica-

1. Dr PERRON, p. 76, 77.
2. GOLDZIHER, t. II, p. 328, t. I, p. 239. MUSIL, III, *Introduction*.
3. *Année Sociologique*, t. XI, 1910, p. 162.
4. SCHURTZ, *Westasien*, p. 252. Cf. *Année Sociologique*, t. XI, p. 160. PALGRAVE, I, p. 67, 14, 215. RECLUS, IX, p. 888, 889. Dr PERRON, p. 13.

tion de l'influence que nous attribuions tout à l'heure à la femme arabe. Les Arabes « produisirent ou tout au moins aidèrent à créer l'esprit chevaleresque..... [1] »..... « La chevalerie, dont on place ordinairement l'institution à l'époque de la première croisade, remonte à une date fort antérieure. Elle est née du mélange des nations arabes et des peuples septentrionaux, lorsque les deux invasions du Nord et du Midi se heurtèrent sur les rivages de l'Italie, de l'Espagne, de la Provence et dans le centre de la Gaule [2]. »..... « Le dévouement, la constance, la courtoisie, la libéralité, l'observation stricte des choses jurées étaient chez les Arabes des vertus comme chez les chrétiens..... L'amour, pour les uns comme pour les autres, avait la même importance. C'était le mobile des prouesses et de l'honneur..... La société arabe offrait ainsi des ressemblances avec la société féodale ; les Arabes avaient leurs fêtes somptueuses, leurs jeux guerriers, leurs discussions poétiques [3].

« Mais où s'était d'abord manifesté cet esprit que l'on appelle chevaleresque ? Les Arabes possèdent des œuvres antérieures à nos plus anciennes épopées, et dans lesquelles on retrouve réellement une inspiration identique à celle de nos vieux poèmes »..... et, dans les mœurs chevaleresques,

---

1. PUYMAIGRE, t. I, p. 34.
2. CHATEAUBRIAND, *Études historiques*, III, *Chevalerie*. Cité par PUYMAIGRE, t. I, p. 18.
3. PUYMAIGRE, t. I, p. 30. C'est un procédé journalier dans la société arabe, dit M. GOLDZIHER (*op. cit.*, I, p. 55).

ce qu'il y a de plus difficile à expliquer, l'existence des chevaliers errants, est regardée comme une importation de la vie nomade des Arabes. M. Goldziher rapporte le fait qu'en Arabie même de longs et pénibles voyages ont été entrepris pour prendre part aux « combats au chant[1] ». Les Arabes avaient leurs récitateurs de poésies assez comparables à nos jongleurs[2]..... « Ici encore, l'Europe pourrait avoir imité l'Orient et reçu le culte de la femme autant des Croisades et de l'invasion des Arabes que de Platon et des traditions germaniques[3] ».....

En effet, le Dr Perron, dans un genre d'études tout à fait différent, peint la société arabe préislamique de manière à justifier amplement la thèse de Puymaigre et des auteurs que nous avons invoqués à son appui :

« Auparavant, ou, comme l'exprime l'histoire, au temps de l'ignorance ou de la gentilité, la vie arabe que représentent les poésies anté-islamiques, la vie du désert, c'était l'enthousiasme des sentiments d'honneur, la passion des coups d'audace, la liberté pour chacun, liberté sans limite et sans embarras des lois[4], la malice sarcastique, l'aisance que ne gênait aucun pouvoir imposé, la poésie des poètes, hommes ou femmes, ne sachant

---

1. Goldziher, I, p. 54 et 168. Cf. Schvrtz. *Westasien*, p. 332.

2. Puymaigre, p. 39 à 43, II, p. 241. Goldziher, II, p. 166 et suiv. C'est un fait qui se répète encore de nos jours. Cf. *ib.*, p. 170.

3. Puymaigre, I, p. 49.

4. Cf. Musil, p. 334. Wellhausen, p. 124. Goldziher, t. I, p. 124.

ni lire ni écrire[1], et souvent improvisateurs, laquelle, en rimes sonores et chatoyantes, dans les soirées en plein clair de lune ou sous l'œil scintillant des étoiles, disait les hautes noblesses des familles et des tribus, les prouesses chevaleresques, les coups de sabre, de lance, de flèches, et disaient aussi avec émoi les amours fins et délicats et vantaient les belles filles et les belles femmes qui écoutaient ces trouvères des tentes[2], souriaient à ces fleurs de beau langage ou pleuraient aux panégyriques des chevaliers de la tribu ou de la famille morts avec gloire[3]. » — Ces quelques descriptions nous font conclure à une position vraiment noble et fière de la femme arabe non-islamique[4].

1. Sur ce point aussi, la ressemblance entre les Bédouins de l'antiquité et ceux de nos jours est parfaite (Goldziher, t. I, p. 112). La noblesse arabe conserve son mépris hautain pour les sciences même sous les Khalifes (Goldziher, t. I, p. 168, 155, 157 et suiv. Schurtz, *Westasien*, p. 320, 353), et en cela encore elle ressemble à la chevalerie européenne (D' Perron, p. 89).

2. C'étaient, très souvent, en même temps des héros et des poètes (Goldziher, t. I, p. 54. Wellhausen, p. 193).

3. D' Perron, p. 12.

4. Comment cette situation élevée de la femme a-t-elle pu se perdre sous l'Islam ?

La fierté de l'Arabe et la force de sa noblesse sont fondées sur sa généalogie, objet de sa poésie et cause de luttes incessantes entre les tribus. La gloire des ancêtres occupe la première place, leurs qualités physiques et morales étant supposées héréditaires. On doit donc s'attendre à la contrefaçon des généalogies toutes les fois qu'un non-arabe veut atteindre, socialement aussi, l'égalité avec l'Arabe, égalité que l'Islam lui a déjà donnée par sa loi démocratique. Aussi rencontre-t-on des généalogies artificielles pour tromper les Arabes, voire même des prétentions au trône soutenues par des généalogies falsifiées. Ces procédés, encouragés par les théologiens qui n'y voyaient qu'une application des prescriptions coraniques, se répétaient chez tous les peuples islamisés, chez les Kurdes aussi bien que chez les Berbères. Même au Bornou il y a eu un prétendant nègre qui s'appuyait sur son origine arabe.

La femme devint la victime de ce mouvement de démocratisation. La société aristocratique arabe eut un préjugé invincible contre les descen-

C'est la religion de Mahomet qui l'en fit déchoir. Tandis que « le mari païen appartenait à la femme autant que la femme appartenait au mari, l'Islam fit du mari le maître souverain de la femme et par conséquent a faussé la valeur comparative des sexes[1]..... » M. Goldziher note même, aux temps païens, le fait d'une lutte poétique et satirique entre les époux au sujet de la supériorité de leurs deux familles respectives[2]. Et comme, sous les Abbassides, la vieille aristocratie arabe conservait son ancienne estime pour la femme, tous les Arabes de race de la période islamique la conservèrent à leur tour, et jamais, pendant les guerres de religion, la femme arabe ne put être traitée en prisonnière[3]. Elle prenait part aux luttes intérieures[4] et extérieures, elle par-

---

dants des esclaves. Ce préjugé, en disparaissant sous l'Islam, a eu cependant pour conséquence de rendre inférieure la position sociale de la femme en général. — Comme nous l'avons indiqué, ceux qui, à l'aide de la nouvelle religion, étaient parvenus à égaler le vainqueur, n'avaient plus désormais que le désir de se rendre aussi socialement ses égaux. La généalogie est faisable et altérable au fur et à mesure du besoin, surtout quand on remonte vers un passé inconnu et incontrôlable. Mais d'être fils de mère esclave, est-ce chose que l'on puisse nier?

Ne pouvant nier, on tâchait sinon de justifier, du moins d'atténuer. « Les mères des hommes ne sont que le vase auquel ceux-ci furent confiés pour la garde d'un moment. On ne doit considérer que le père seul, quand il s'agit de la noblesse de l'origine. » Voilà la nouvelle théorie qui, peut-on dire, décida du sort du Khalifat en tant qu'empire arabe. Les Khalifes abbassides, excepté trois, avaient tous pour mères des esclaves. « La mésestime pour les femmes, dans l'Islam, est donc due à des influences sociales non-arabes et on a même tort d'en accuser l'Islam ou plutôt l'Islam seul, car la cause en vient des peuples qui, par le mahométisme, sont entrés en relation avec les Arabes (Goldziher, p. 41, 133, 142, 144, 143, 125 et suiv., II. p. 206).

1. D' Perron, p. 77.
2. Ouvr. cité, I, p. 44.
3. Ibid., p. 125, n. 1, 133.
4. Mvan., p. 358, 353 (la femme agent de l'opinion publique).

ticipait aux vicissitudes des guerres, et l'on a vu, plusieurs fois depuis, des héroïnes modernes de l'Arabie désertique répéter les prouesses de leurs aînées [1].

Aujourd'hui encore, l'Arabe ne donne pas sa fille à un membre d'une tribu mésestimée, de même que le fils d'une femme d'origine douteuse n'aura jamais l'estime et les droits d'un Arabe de sang pur [2]. Il est curieux que, jusqu'au xix⁰ siècle, les Arabes de Syrie aient refusé de donner leurs filles en mariage même aux Turcs [3]. La tribu, soucieuse de la pureté de son sang, défend aussi à ses guerriers de cohabiter avec une esclave noire, et, parmi ceux qui sont exclus de la communauté tribale, celui qui épouse une négresse se trouve mentionné à côté du lâche et du voleur [4]. « De l'Islam, au contraire, la femme esclave a reçu l'avantage considérable d'entrer dans l'ensemble familial de son maître quand celui-ci l'a rendue mère ; l'enfant né de cette cohabitation, qu'autorise la loi, est de condition libre, il est l'enfant légitime du père [5] »…..

Aujourd'hui encore, l'amour joue un grand rôle dans la vie du Bédouin [6] ; la femme choisit toujours son aimé parmi les plus vaillants guerriers qui savent aussi louer sa beauté en de beaux chants

1. GOLDZIHER, II, p. 198. MUSIL, p. 390, 393.
2. MUSIL, p 121, 55, 173.
3. GOLDZIHER, I, p. 128, n. 1.
4. MUSIL, p. 225, 333.
5. D' PERRON, p. 82.
6. MUSIL, p. 174, 212.

d'amour[1] ; actuellement encore, le soir venu, « les hommes entourent les feux, derrière eux les enfants mâles, les fillettes se pressant près du groupe des femmes, et tous écoutent avec la plus grande attention les contes traditionnels de la tribu ou du clan, les généalogies, les hauts faits des membres de la tribu et les railleries des tribus ennemies... Cela se répète tous les soirs[2]. »

La femme a donc joué de tout temps un rôle considérable dans la société arabe, et elle y a conservé cette position malgré l'Islam. Il n'est pas nécessaire d'insister davantage sur l'importance de cette constatation quant aux conclusions à tirer pour notre sujet. Etant donnée la signification qu'a pour la femme la parure, le choix d'une monnaie destinée à être utilisée comme objet de parure doit, pour cette raison encore, être influencé par celle qui, à tant de points de vue, influence la vie sociale de l'Arabe.

B. *Le luxe des Arabes et ses fonctions économiques.*

Après avoir constaté, chez l'Arabe, une prédilection certaine pour la monnaie dont nous nous occupons, recherchons la manière dont cette pré-

1. MUSIL, p. 74, 175. Dr PERRON, p. 80.
2. MUSIL, p. 232. Le rôle social des poètes arabes contemporains se constate le mieux par ce fait qu'il a été possible à M. MUSIL de dresser la liste des plus renommés d'entre eux (*Ibid.*, p. 233).

dilection s'est formée et propagée. Quand nous en aurons trouvé le « pourquoi », nous en chercherons le « comment ».

On admet généralement que l'emploi de la monnaie comme parure joue un grand rôle dans le développement de la notion de la valeur monétaire[1] ; or, qui dit parure, dans le sens déjà avancé dont il est question ici, dit notion de beauté. L'idée du beau, comme celle de toute autre valeur, est établie par la « société ». Elle est même ce qui relève le plus des fonctions sociales.

Une sociabilité intense, dans cet ordre d'idées, nous représente, pour ainsi dire, la force sociale centralisée et comprimée. C'est par cette voie que se propage le goût, le « grand propulseur du progrès[2]. » Or, « le désert force à la sociabilité[3]. » La coutume séculaire de l'hospitalité la plus large[4] semble, elle aussi, prédisposer à cette sorte de vie sociale intense. L'Arabe, qui la pratique au plus haut point et qui est de plus formé par la vie tribale, paraît donc atteindre le degré idéal de sociabilité primitive.

Nous indiquions plus haut que l'on pouvait comparer le genre de vie des Arabes préislamiques et des Bédouins de nos jours à celui des che-

---

1. HELFFERICH, p. 16, 19, 246. SCHURTZ, p. 74 et surtout p. 171. SCHMOLLER, 2ᵉ partie, p. 68, 91.
2. Paul LEROY-BEAULIEU, IV, p. 231, 234.
3. WELLHAUSEN, p. 181.
4. Id., p. 236.

valiers de nos temps féodaux. Cette comparaison
est plus justifiée encore, étant donné le critérium
du luxe primitif, c'est-à-dire du genre de luxe qui
précisément nous explique l'intensité de la sociabilité chez les Arabes. « Le luxe des temps primitifs est très simple; il consiste surtout dans le
groupement autour de l'homme riche, qui est en
même temps généralement un homme de haute
naissance, d'un très grand nombre de serviteurs
entretenus par lui et dans la pratique très large de
l'hospitalité[1] »..... « C'est à ce genre particulier de
luxe qu'on doit attribuer la libéralité avec laquelle
l'hospitalité est exercée dans ces bas degrés de
civilisation. Pococke raconte que les chefs arabes
se font servir à dîner sur la voie publique et qu'ils
invitent tous les passants à s'asseoir à leur table. »
A quoi Roscher ajoute, en note, que chez les nomades « qui n'ont aucun commerce avec le monde
civilisé, les riches n'ont guère d'autres moyens
d'employer leur superflu que l'hospitalité, l'entre-
tien d'une suite nombreuse ou la guerre ». On rapporte quelque chose de semblable des premiers
Romains[2]. « Toujours est-il qu'entre ce luxe des
riches et la situation des pauvres, le contraste est
aussi peu tranché que possible. Sans doute le pau-
vre ne peut entretenir de nombreux domestiques,
ni donner des festins somptueux, ni faire de grands
défilés : il ne voit chez lui aucun de ces objets de

---

1. P. Leroy-Beaulieu, IV, p. 249. Ici encore les Arabes sont cités comme
exemple. Cf. Mesn., p. 24, 338. Cf. Reclus, IX, p. 885.
2. Roscher, chap. VI, p. 353 à 360.

grand prix qu'il voit chez son seigneur; mais dans tout le reste, sa vie, son habillement, sa nourriture, sont à peu près les mêmes que ceux de ce dernier[1]. S'il tombe dans le besoin, il trouve d'abondants secours dans la table ouverte de son seigneur, et c'est pour cela qu'on doit reconnaître dans ce luxe du moyen âge un certain caractère d'humanité; c'est l'âge d'or de l'aristocratie, l'époque où aucun doute ne s'élève encore sur sa légitimité[2] ».

Malgré les traits généraux communs à ce genre de luxe, les Arabes ont su lui conférer une singularité qui nous fait mieux constater leur haut degré de sociabilité. C'est un duel public; mais, cette fois-ci, non poétique : chacun des concurrents cherche à dépasser son adversaire dans la prodigalité envers ses invités[3]. Comme les « combats au chants » survécurent à l'Islam, cela peut être dit à plus forte raison de cette « hospitalité militante[4] ». Or, cette pratique de l'hospitalité sans frein a son importance sociale.

Toute communauté arabe est communauté de sang. Celle-ci n'est pas uniquement basée sur la naissance, elle peut aussi bien être acquise en

1. C'est en effet la quantité et non la qualité qui importe à ce luxe de la période aristocratique (LEROY-BEAULIEU, IV, 251). Ici aussi les Arabes lui servent d'exemple. Cf. ROSCHER, éd. all., p. 120.

2. « Si, en général, les châteaux féodaux ont une salle immense pour les occasions solennelles, et n'ont au contraire que des appartements très petits et très incommodes pour les usages de la vie quotidienne, il est évident que cela s'accorde parfaitement avec tout ce qui caractérise le luxe du moyen âge » (ROSCHER, p. 321, 322, 327).

3. GOLDZIHER, I, p. 59, n. 2.

4. Ibid., p. 60.

mangeant et en buvant en société. Puisque ceux qui mangent et boivent en compagnie renouvellent leur sang en puisant à la même source, cet acte fait circuler le même sang dans les veines de tous les participants. Un étranger, voire un ennemi, qui partage notre repas, même sans notre consentement, et malgré nous, se trouve, du moins pour un instant, être membre de notre communauté de chair et de sang. La fraternité du lait fonde celle du sang. La boisson entrant plus facilement dans le sang, la communauté fondée sur elle paraît encore plus solennelle et plus sacrée que celle qui dérive du manger en commun[1]. C'est pour ces raisons encore qu'on verse des boissons sur les tombeaux, dans l'intention de continuer les rapports avec les morts[2]. C'est sur les tombeaux des personnes hospitalières qu'ont lieu des festins et que l'on distribue de la nourriture aux caravanes et aux pauvres[3]. Tout cela nous permet d'entrevoir le caractère et l'importance de l'hospitalité arabe, qui fait de la sociabilité une institution sociale.

Quels sont les effets économiques de ce que nous venons de constater? « Sous son apparence débonnaire et familière, ce luxe patriarcal a de très grands inconvénients; il crée et maintient des

---

1. WELLHAUSEN, p. 119, 120.
2. Id., p. 165. Les hommes offrent aux morts des boissons ou du sang (Id., p. 160. MUSIL, p. 450 et suiv.), très souvent du lait (MUSIL, p. 451).
3. GOLDZIHER, I, p. 241 et n. 5, 247; p. 234, 235.

légions de parasites et de fainéants », dit M. Paul Leroy-Beaulieu[1]. Mais chez les Arabes, comme nous venons de le voir, ce luxe a son rôle tout autrement justifié, il est en rapport de cause à effet avec maints détails, et des plus essentiels, de la vie et de la pensée sociales. N'oublions pas non plus que nous sommes en présence de primitifs, ou peu s'en faut, qui ne se soucient nullement de l'emploi rationnel de leur temps et de leurs forces. Le manque de prévoyance[2] nous donnera l'explication du fait constaté par M. Leroy-Beaulieu, plutôt que le genre de luxe pratiqué par la noblesse. En effet, « dans les pays coloniaux, soit les Arabes (Algérie, Tunisie), soit les nègres (Antilles, Etats-Unis), gagnant par un travail de deux ou trois jours ce qui suffit à les entretenir une semaine, passent la moitié ou les deux tiers de leur journée en fainéantise[3] ».

Cherchons plutôt, dans ce luxe arabe dont nous tâchons de préciser les traits, ce que Tarde appelait la « solution aristocratique » de l'organisation du travail : « presque tout le loisir d'un côté, presque tout le travail de l'autre[4] ». Et voyons comment se remplissent ces heures de loisir. « Les solutions que comporte ce problème sont innombrables, » dit Tarde[5], « mais il en est deux qui me pa-

<hr>

1. *Ouvr. cité*, IV, p. 249.
2. Cf. Bücher, p. 12.
3. Leroy-Beaulieu, IV, p. 304, n. 1.
4. Tarde, I, p. 121.
5. « Chez les Arabes de Turquie, par exemple, je vois figurer au nombre des récréations les contes débités par une sorte de trouvère rustique : c'est un de rares côtés où l'art apparaisse dans ces existences primitives. » (Tarde, I, p. 221).

raissent se signaler par la gravité de leur résultat : la conversation et la lecture. J'ai essayé de montrer ailleurs[1] l'influence de la conversation[2] dans la formation de l'opinion et des mœurs publiques et, par suite, dans la fixation des valeurs et des prix. Le travail donc, forcé de s'adapter à des usages et à des besoins que la conversation, la communication verbale des esprits modifient sans cesse, est dirigé dans son cours par le loisir..... C'est au fond, ce jeu perpétuel des langues oisives, ce rapport social élémentaire et fondamental de deux esprits en contact et en voie de contagion mutuelle qui élabore cette grande souveraine de la vie économique et politique, l'Opinion, régulatrice des usages et des besoins, des goûts, des mœurs[3]..... » C'est pour cela que Schaeffle a pu dire : « La sociabilité n'est, dans son essence, que la communauté et réciprocité de l'évaluation des choses[4] ».

« Là, où la population se divise en deux classes dont l'une, la plus nombreuse, travaille d'arrache-pied, sans nul repos, et dont l'autre ne fait presque rien, sauf en temps de guerre, on peut dire, à peu de chose près, que la conversation et la lecture sont monopolisées par cette dernière classe. » —(Ce que l'orientalisme et l'histoire nous rapportent des mœurs et des habitudes des Arabes ne

---

1. Dans son ouvrage « *L'Opinion et la foule* », Paris, 1901.
2. Schaeffle, lui aussi, soutient l'avantage de la communication verbale sur la relation par écrit (*Op. cit.*, t. I, p. 128, 129).
3. Tarde, I, p. 123, 195, 196.
4. *Op. cit.*, II, p. 345.

concerne, en effet, que les classes élevées de la société arabe ; « nous ne savons pas ce que fait le peuple[1]. ») — « Par suite, ce qu'on entend alors par l'opinion publique, c'est purement et simplement l'opinion des gens de loisir. Il n'y en a pas d'autre qui compte politiquement et même économiquement. C'est donc dans l'enceinte étroite de ces gens de loisir..... échangeant entre eux, par de fréquents entretiens, leurs désirs capricieux, que naissent les nouvelles modes en tout genre de consommation. Il sont la source des courants de mode qui se répandent ensuite parfois dans un public plus étendu[2] »..... En effet, déjà les Arabes préislamiques avaient leurs grandes réunions intertribales à caractère religieux, commercial et politique, dans lesquelles ces courants trouvaient le terrain propice pour se propager[3]. Là, la renommée était établie ou détruite. Dans ces occasions, des jurys, siégeant au nom de l'Arabie entière, décidaient de tout, jugeaient même de la poésie d'amour[4]. Ici encore, « des phénomènes de contagion psychologique intervenant dans les opérations de psychologie individuelle ont pour effet de les aiguiller

1. WELLHAUSEN, p. 193. Aussi PEYMAIORE constate-t-il le peu d'influence qu'eurent les Arabes par exemple sur la poésie populaire d'Espagne (*Op. cit.*, II, p. 241, 291), comparé au grand rôle qu'ils jouèrent, au contraire, à la cour de Castille et parmi les hautes classes de la société espagnole (*Id.*, I, p. 5, 56, 65 ; II, p. 290, 381).

2. TARDE, I, p. 123, 124. SCHAEFFLE, p. 348, 349.

3. WELLHAUSEN, p. 80, 83 n. 1, 84, 88. Dr PERRON, p. 118 n. 3.

4. SCHURTZ, p. 254. Cf. TARDE, II, p. 362, 368. M. HUVELIN rapporte l'existence d'institutions pareilles au moyen âge (*Essai histor. sur le droit des marchés et des foires* [thèse], Paris, 1897).

dans une voie qu'elles n'auraient peut-être pas prises d'elles-mêmes[1] »

Y a-t-il lieu d'insister encore une fois sur ce fait que c'est l'Arabe qui remplit avant tout cette condition du régime aristocratique, où, pour des raisons évoquées plus haut, « le développement de la sociabilité est l'affaire des dirigeants[2] » ? Le genre du luxe arabe, nécessité sociale par excellence, est à la fois le moyen particulier pour les uns de s'élever sur l'échelle sociale et pour les autres, les nobles, les dirigeants, de propager leurs idées, leur goût. Ces somptuosités privées, qui jouent un rôle social si grand, donnent en outre l'occasion d'étaler un luxe tout à fait personnel : des trophées de victoires, des armes, des vêtements et des objets de parure, faisant appel surtout à l'attention de l'autre sexe[3].

Ce n'est pas, nous le savons déjà, par l'effet d'un raisonnement banal et vaniteux que les femmes arabes, ornées de leurs plus beaux vêtements et de leurs plus riches parures, viennent embellir les réunions de la tribu : leurs parures ont une certaine importance pour elles, par suite de leur force magique protectrice. Or, c'est précisément dans ces réunions que s'établit, comme on

1. TARDE, II, p. 3o.
2. SCHAEFFLE, II, p. 35o.
3. Id., II, p. 3i6, 3i9. Parmi les causes de la valeur simplement subjective de la parure-monnaie, SCHURTZ suppose justement de telles conditions (*Op. cit.*, p. 1i1).

nous le disait tout à l'heure, l'échelle des valeurs. Remarquons, au surplus, que la protection magique dont il est question ici n'est nécessaire que contre une personne de *position et de considération sociales égales à celles de la personne protégée*, tandis qu'elle n'est pas nécessaire lorsque la femme se trouve en face d'un esclave ou d'un homme libre, mais appartenant à une classe inférieure, ou encore en face d'un lâche notoire[1].

*
* *

Jetons maintenant un coup d'œil sur le revers de ce genre de luxe, dont Tarde a trouvé le trait caractéristique dans la division de la société en un groupe de dirigeants oisifs et un autre qui, économiquement, représente la classe ouvrière libre ou non. Montesquieu déjà traitait les esclaves et les artisans d' « instruments de luxe » des classes régnantes[2].

Socialement, les artisans, qu'ils soient esclaves, affranchis ou libres, ont tous une position pareille. « L'homme libre s'est déchargé sur l'esclave de toute besogne mécanique quand il l'a pu..... Aussi même l'artisan libre a-t-il participé à la déconsidération graduelle d'un labeur habituellement servile[3] ». Nous rappelant encore une fois la méses-

---

1. Cf. WELLHAUSEN, p. 146. Abbé MIGNOT, *loc. cit.*, p. 159.
2. *Grandeur et décadence des Romains*, chap. III.
3. TARDE, I, p. 245.

time qu'ont les Arabes pour les travaux et les travailleurs manuels[1], tâchons d'en trouver la raison sociologique. Le métier, au sens propre du mot, est enfant de la vie urbaine[2], et, par conséquent, chez des nomades, il doit être exercé par un étranger, artisan ambulant lui aussi. Selon Tarde, rien que cette origine urbaine devait déjà contribuer à la déconsidération des métiers[3], vu la mésestime qu'ont les Bédouins pour les sédentaires. Ce mépris, avons-nous dit, s'étend même au métier le plus nécessaire à un peuple guerrier, à celui de forgeron[4]. A plus forte raison, les autres travaux manuels y sont compris, que la qualité d'étranger du travailleur en soit encore la cause première, ou bien que, par contre-coup, des préjugés sociaux déjà existants aient obligé les Arabes d'avoir recours à des travailleurs du dehors, ou qu'enfin, au contraire, la nationalité d'un de ces groupes de travailleurs méprisés ait été la cause de la mésestime des autres métiers exercés par des représentants du même peuple. Car, « en règle générale, on peut dire qu'un métier gagne en considération quand il se recrute dans les couches sociales de plus en plus élevées et inversement[5]. »

---

1. Ainsi, p. ex., les artisans ont des tentes noires pour se distinguer des tentes appartenant aux membres de la tribu (Mesn., III, p. 220). Le noir est la couleur du déshonneur (Id., p. 338, 373).

2. Bücher, p. 72, 138, 275.

3. Tarde, I, p. 251.

4. Id., I, chap. v, n° 4. Degrés inégaux de la considération attachée aux divers travaux. La considération des travaux n'est pas toujours proportionnelle à leur utilité (I, p. 243).

5. Ib., I, p. 248.

Toujours est-il, comme nous le rapporte M. Slouschz[1], que, depuis l'antiquité, les tribus juives d'Arabie s'adonnent surtout à l'agriculture, au commerce et aux métiers manuels, à l'orfèvrerie notamment, qu'elles répondent donc ici à ce que Tarde appelait la classe travailleuse sous le régime aristocratique. Et c'est justement « le travail pour autrui qui, plus que tout le reste, crée et fortifie la déconsidération sociale des travailleurs, c'est le préjugé humain très tenace, attachant un caractère plus ou moins servile au fait de travailler pour une personne ou même pour un petit groupe de personnes individuellement connues et étrangères à sa famille ». Tandis qu'« il n'y a rien d'humiliant à travailler pour le public, pour un très grand nombre de personnes qu'on ne connaît pas, qui ne vous touchent en rien, pour une foule dispersée et impersonnelle[2]. »

Mais, finalement, nous croyons qu'ici encore la constitution sociale des Arabes, avec tout ce qui s'y rattache, pourrait nous donner et la plus plausible et la plus documentée des explications de ce fait. Car, comme nous venons de le voir, ce n'est pas telle profession qui se trouve être plus ou moins considérée que telle autre, mais c'est *le* travail manuel qui, en bloc, est mésestimé, ce qui nous explique la présence des artisans étrangers et ambulants. Ne sommes-nous pas en face de ce fait constaté chez presque tous les peuples

---

1. Slouschz, p. 126. Cf. *Jew. Encycl.*, I, p. 42.
2. Tarde, I, p. 247.

arriérés, à savoir que l'on établit un lien magique entre le produit du travail et la personne qui l'a créé[1] ? La même raison, qui, après la mort d'un homme, fait détruire tout ce qu'il a possédé[2], forme par là le plus grand obstacle à la naissance du commerce en empêchant la transmission des fruits du travail humain à travers les temps et à travers l'espace. « Le fruit du travail fait pour ainsi dire partie de l'homme qui l'a produit. Quiconque l'abandonne à autrui se défait d'une partie de lui-même et donne aux forces mauvaises pouvoir contre lui[3]. » — Les artisans donc, plus que tous autres, sont forcément exposés à des conséquences funestes en se dessaisissant du produit de leur travail. Leur position sociale ne serait, par conséquent, que l'application de cette règle que « les notions sociales de déshonneur et d'infamie se rattachent à des représentations dégénérées des effets de la magie[4] ». C'est dans cet ordre d'idées que Tarde a pu écrire[5] qu' « avant tout il faut avoir égard à l'évolution des croyances religieuses, car c'est elle encore plus que l'évolution des intérêts économiques qui rend infâmes tels métiers pratiquement recherchés ou entoure de respects profonds l'accomplissement de besognes sans utilité pratique..... ». — Or, ne voyons-nous pas

---

1. Lévy-Brühl, p. 384 et suiv.
2. Andree, I, p. 26 et suiv.
3. Bücher, p. 50, 52 et suiv. Lévy-Brühl, p. 395, 396.
4. P. Huvelin (*Année Sociologique*, X, 1907), « *Magie et droit indiciduel* », p. 31 n. 1.
5. *Op. cit.*, I, p. 253.

dans toute l'organisation sociale arabe la preuve
de la force et de l'efficacité de pareilles opinions
(que M. Lévy-Brühl qualifierait de prélogiques)
du moment que l'on vient, d'autre part, nous démontrer[1] que « la poésie satirique, elle aussi, tire
ses origines de certaines formes d'incantations
magiques » [transformation de la malédiction en
injure], cette poésie si chère à l'Arabe, cause d'estime ou de déshonneur, voire raison d'être de sa
tribu, cette poésie tout aussi indispensable à
l'ambitieux que son épée et sa lance[2]?

C'est donc dans ces opinions qu'il nous faut voir
les causes de la singulière constitution économique de la tribu arabe; voilà des particularités de
cette société que nous croyons être aussi les causes de la prédilection pour le thaler de Marie-Thérèse.

Après avoir supposé derrière cette prédilection
un raisonnement peu économique, nous avons eu,
en effet, l'occasion de voir un grand nombre de

---

1. Edm. Doutté, *Soc. musulm.*, p. 104 à 107. P. Huvelin, *loc. cit.*, p. 29
n. 6.

2. Schurtz, *Westasien*, p. 253. Vu la diffusion étonnante des opinions
énoncées par les poètes, et d'autre part l'influence de cette poésie sur la
position sociale des personnes comme sur l'estime des tribus (Goldziher,
I, p. 48, 49), on voit sous les Khalifes ces moyens poétiques employés par
des non-arabes pour combattre l'influence sociale et politique des Arabes
(*Ib.*, I, p. 118).

Des tribus méprisées dont les membres ne peuvent pas se marier, les
filles d'autres tribus leur étant refusées (Musil, p. 121, 173), sont vouées à
une décadence certaine, et se dissolvent (Id., p. 55).

Au temps de Mahomet, une tribu mettait comme condition de sa con-
version à l'Islam que ses poètes devaient être vaincus par ceux du prophète (Schurtz, *Westasien*, p. 262).

raisons d'ordre social, esthétique, mystique, s'u-
nir pour justifier la préférence économiquement
non-justifiable qu'accordent les Arabes au thaler
autrichien. Ce choix, influencé pour la plus grande
partie par les femmes, qui voyaient dans cette
pièce un objet de parure et une amulette, ce choix
imité, grâce au haut degré de sociabilité, n'a été
matériellement possible que par le fait que leurs
orfèvres étrangers se trouvaient en relations avec
des commerçants appartenant au même groupe
ethnique. Ces commerçants leur procurant le thaler sur les marchés européens, les orfèvres en ont
fabriqué une parure dont le caractère singulier et
le modèle séculaire prouvent, à leur tour, aussi
bien le rôle mystique de cette parure que l'an-
cienneté de l'activité et de la position sociale de
ces artisans. Comme leur travail était méprisé, en
première ligne, sans doute, pour des raisons mystiques, ces orfèvres juifs, soutenus par les commerçants et les courtiers juifs, sont parvenus à
faire adopter cette monnaie pour un emploi à fonds
mystique dans la société arabe. Leur goût, que
rien ne concurrençait, est devenu définitif et s'est
pour ainsi dire figé dans sa forme archaïque. La
société arabe d'ailleurs, avec son organisation
entière, nous garantit l'acceptation, la constance
du choix et la propagation de la pièce monétaire
adoptée dans ces conditions.

CONCLUSION

**I. Ce sont les Arabes bédouins qui pourront
aussi nous expliquer la diffusion étonnante du
thaler de Marie-Thérèse dans l'Afrique centrale et orientale.**

Les raisons de cette prédilection tiennent à la
constitution de la société arabe, et elles forment
un ensemble dont il doit être difficile de trouver
l'analogie complète chez aucun autre peuple.

Mais, comme tout un ensemble de pays préfère
le thaler aux autres monnaies, nous allons rechercher si les Arabes peuvent en être la cause et jusqu'à quel point. Peut-être la présence de l'Arabe,
tel que nous l'avons caractérisé plus haut, nous
expliquera-t-elle, à elle seule, les préjugés, inexpli-
cables autrement, qui existent en faveur du thaler
autrichien dans ces pays.

Si nous jetons les yeux sur la carte du territoire
de circulation de notre thaler, nous constatons
qu'il comprend, hormis l'Arabie, les pays qui se
trouvent le long de la grande voie de pénétration
de la Méditerranée au Soudan central et ceux qui

s'étendent du centre soudanien jusqu'à la Mer Rouge et à l'Océan Indien. Nous n'allons appliquer nos recherches qu'à un certain groupe de ces pays, qui forme d'ailleurs la partie la plus grande de ce territoire de circulation.

N'est-ce pas justement une spécialité, un caractère particulier du thaler de Marie-Thérèse que d'avoir pénétré jusque dans l'intérieur des régions de l'Arabie et de l'Afrique les moins hospitalières et par les routes les moins praticables du monde? Ainsi, il s'est répandu en Syrie, en Mésopotamie, en Arabie, dans cet Assir, surnommé « la citadelle contre les invasions des sectateurs de Mahomet[1] », au Hadramouth, en Nubie, sur le Haut-Nil, au Sénaar, en Abyssinie, dans l'Erythrée italienne, dans la Somalie française, au Harrâr, dans les oasis entre la Tripolitaine et l'Egypte, en Tripolitaine et au Soudan[2].

Les autres monnaies de commerce ne voyaient-elles pas, dès l'antiquité, leur champ d'activité restreint aux confins des villes maritimes, à une zone côtière plus ou moins large et, en général, aux centres commerciaux situés sur les grandes routes de terre et de mer des incursions économiques[3]?

Ce ne sont d'ailleurs pas ces centres de relations internationales qui auraient le pouvoir de

---

1. RECLUS, IX, p. 885.
2. *Mitteilungen*, p. 547. PEEZ et RAUDNITZ, p. 90 n. 2, 90, 92, 93, 95, 97, 98, 100. 105, 103, 107, 115, 117, 116, 101.
3. Cf. BABELON, 2ᵉ partie, II, p. 6. FOVILLE, p. 66. SCHAUBE, p. 119.

soutenir la faveur économiquement injustifiable, accordée à une pièce d'argent étrangère, contre le grand courant de la politique monétaire moderne. Ni la population de Zanzibar, ni celle du reste de la côte est-africaine n'ont pu résister au souffle de la politique économique qui leur venait, à la fin du xix⁰ siècle, de la part des peuples colonisateurs[1]. Et le Yémen, durant des dizaines d'années, le grand rempart de ce thaler dans sa lutte contre les mesures prohibitives du gouvernement turc, le Yémen, lui aussi, succombait récemment à la force des événements[2].

Mais, le thaler étant toujours l'objet de commandes constantes et croissantes adressées à la Monnaie de Vienne[3], la direction de notre recherche nous paraît fixée d'avance; loin donc de nous adresser aux peuples commerçants qui habitent la côte de l'Afrique tournée vers l'Arabie, nous restreindrons nos études à ces pays que nous avons groupés plus haut et qui, au contraire, ignorent le grand commerce, trop éloignés qu'ils sont de ses chemins et peu accessibles à ses moyens et procédés. Ce n'est d'ailleurs pas au commerce proprement dit qu'il faut nous adresser pour avoir l'explication de cette conception toujours peu économique, qu'on peut constater encore actuellement chez les peuples du Soudan central et qu'à plus forte raison l'on peut supposer dans l'inté-

---

1. Cf. Les *Rapports au Min. des Fin.*
2. M. Musil, *Lettres particulières.*
3. Cf. Notre *Appendice I*, Statistique de la frappe.

rieur du territoire délimité plus haut[1]. « Les Français paient leurs porteurs et leurs soldats indigènes, dans leurs expéditions au Soudan central,
en pièces de cinq francs au lieu de thalers de
Marie-Thérèse qui ont généralement cours là-bas.
Les caravanes tripolitaines y font un commerce
lucratif en donnant à ces Soudanais un thaler de
Marie-Thérèse — valant à Tripoli deux francs
quarante — en échange de deux écus de France[2]. »
Y a-t-il donc, dans cette zone, trace d'une influence
arabe se prononçant justement en faveur du thaler
de Marie-Thérèse ?

Ratzel[3] trouvait surtout dans l'influence de
l'Arabe nomade un des traits les plus distinctifs
du Soudan central (et oriental) et la cause de ses
plus grandes différences avec le Soudan occidental.

Voici d'abord la langue arabe qui de jour en
jour « gagne en extension », en Nubie, au Kordofan, au Darfour[4], de telle sorte que, sous le Mahdi,
cette langue était « généralement comprise par les
habitants libres du Soudan, sans que toutefois
ceux-ci aient jamais été astreints à l'employer[5] ».

Mais lorsqu'on nous dit, en outre, que beaucoup
de peuplades de l'Afrique se disent Arabes, quelle
que soit d'ailleurs leur origine[6], ne sommes-nous

1. Cf. *Consularber.* de Tripoli et Benghazi, 1902, p. 3.
2. *Ibid.* Cf. les exemples donnés à ce sujet déjà par HAUPT, p. 839 et 841.
3. RATZEL, II, p. 513.
4. RECLUS, X, p. 448 et suiv.
5. OHRWALDER, p. 202, 203.
6. RECLUS, X, p. 298.

pas, encore une fois, en face d'événements qui, comme aux premiers temps de l'Islam, pourraient au contraire nous prouver une décadence de l'influence des Arabes au profit d'autres peuples devenus leurs égaux en embrassant la nouvelle foi? C'est par cette voie, nous le savons, que la langue arabe a pu se répandre « plus qu'aucune autre langue du monde[1] ». Ce qui nous importe donc en ce moment, c'est de constater que, l'influence politique et sociale surtout exercée en quelque région par l'élément arabe, n'est nullement établie par la présence de l'idiome arabe, quoique, en général, on ne puisse certainement pas rejeter la théorie de Tarde qui soutient l'importance primordiale du langage pour la propagation et pour le « rayonnement imitatif » d'idées, d'habitudes, etc... Si, pour ce but, la langue nous paraît indispensable, elle n'est pas suffisante, nous le voyons. Car, comme disait encore Ratzel, « les communautés de langue, de croyance, de mœurs, d'opinions, et surtout de ce que l'on appelle le sentiment populaire ou national, ne sont, le plus souvent, que les vêtements qui tendent à égaliser ou à couvrir des inégalités réelles[2] ».

Force nous est de nous adresser directement aux Arabes qu'on voit s'installer de l'autre côté de la Mer Rouge[3]. Si influence il y a, comme le soutient Ratzel, ce sont eux qui, en première ligne,

<hr>

1. BROCKELMANN, p. 24. SCHURTZ, *Westasien*, p. 332.
2. RATZEL, *Kleine Schriften*, II, p. 64.
3. WAITZ, II, p. 18.

en ont été la cause ou une des causes. Il nous faudrait alors savoir en quoi et en quel sens cette influence a pu s'exercer. En quelle qualité les Arabes ont-ils pénétré dans cette partie de l'Afrique, quel a été leur caractère social une fois arrivés sur le sol étranger? Voilà autant de points à élucider avant de se hasarder à conclure.

C'est principalement par la voie du Nil et de ses affluents, nous dit M. Hamet, que les Arabes ont pu pénétrer de bonne heure « fort en avant en Nubie et au delà », en Abyssinie et dans le Soudan, et « des tribus entières s'installèrent dans les grands parcours herbeux de ces pays où ils nomadisent de nos jours, *sans avoir oublié leurs noms arabes*[1] ». Au Darfour, au Ouadaï et au Bornou, ils ont une « influence particulière[2] » ; « mais là se bornent nos renseignements », ajoute-t-il. « L'histoire de la pénétration arabe et de l'influence de la civilisation musulmane dans ces régions est à faire..... Le courant de cette pénétration dans le Soudan même est des moins connus[3]. »

Reclus, à son tour, note la ressemblance géographique de l'Arabie et de l'Afrique orientale à l'est du Nil; Schurtz constate l'analogie des conditions du milieu entre l'Afrique orientale et le

---

1. C'est nous qui soulignons.
2. Ismaël HAMET, *La civilisation arabe en Afrique centrale* (*Revue mus.*, avril 1911), p. 2.
3. Id., p. 3, 1.

Soudan, de même qu'entre le Soudan oriental et l'Arabie. « Le caractère particulier du Soudan oriental s'explique donc », dit-il, « par la proximité de l'Arabie[1]. » C'est pour cela que nous comprenons facilement que, depuis des siècles déjà, à ce qu'on nous rapporte, des tribus arabes se trouvent dans le Soudan égyptien[2]; qu'au Sénaar, depuis le moyen âge, « la religion et les mœurs des Bédouins du Hedjâz » sont en vigueur[3]; que, jusqu'au XIXᵉ siècle, des bandes arabes ont régné sur la Nubie[4].

Or, d'un autre côté, ce Soudan égyptien n'a-t-il pas été de tous temps une « contrée lointaine, presque inaccessible » ? La domination romaine ne s'est-elle pas arrêtée aux déserts de Nubie ? Et pendant tout le moyen âge les tribus nomades de la Haute-Egypte n'ont-elles pas maintenu leur indépendance[5] ?

Contre qui ces tribus avaient-elles alors besoin de se défendre ? Cette fois-ci contre l'invasion musulmane, comme auparavant contre Rome.

Il nous semble assez naturel de conclure, par analogie, qu'ici encore, comme dans leur patrie, les Bédouins sont restés réfractaires à l'Islam comme à toute autre religion. Nous allons voir que c'est, en effet, l'Est africain qui avait servi de

1. Reclus, *Afrique septentrionale*, p. 10. Schurtz, *Afr.*, p. 397 et 544, id. p. 537.
2. Pensa, p. 243.
3. G. Bertin, art. *Abyssinie* de la *Grande Encyclopédie*, p. 176.
4. Schurtz, *Afrika*, p. 546.
5. Cf. Pensa, p. 240, 241.

lieu de refuge à tous ceux qui, dans la Péninsule, ne voulaient pas se soumettre à la loi de Mahomet[1], Arabes païens ou Juifs[2]. L'existence et la persistance, pendant des siècles encore, des puissances chrétiennes sur le Haut-Nil[3] plaident pour notre cause et nous paraissent réfuter l'opinion de M. Hamet qu'une forte pénétration de l'Islam se serait produite par la voie du Nil. — Notons encore ce que dit M. Pensa[4] sur l'état des communications dans la région du Haut-Nil. « Les difficultés sont telles pour les transports entre l'Equatoria, le Bahr-el-Gazal et Khartoum que cette unité [l'unité territoriale du Soudan égyptien], qui n'a jamais existé avant 1870, a pu être rompue de 1882 à 1893 »... Le commerce entre ces contrées ne date d'ailleurs que du temps de l'invasion égyptienne au commencement du XIXe siècle[5]. Par principe, on le sait, le commerce des musulmans ne s'opère qu'en pays islamique[6].

Ratzel dit qu'en général les grandes migrations ne s'effectuèrent jamais par les chemins que prenait le commerce (et, à sa suite, les idées, les religions, les inventions, etc.), en dépit des difficultés,

1. Schurtz, *Afrika*, p. 544.
2. Slouscuz, p. 195. Schurtz, *Afrika*, p. 559.
3. Cf. Schurtz, *Ibid.*, p. 544. Jusqu'au XIXe siècle, il n'y avait pas d'inimitié entre ces chrétiens et leurs compatriotes arabes.
4. *Op. cit.*, p. 230.
5. Vers 1840. Cf. Déhérain, p. 12.
6. Vambéry, p. 212. Cf. Heyd, I, p. 51 : « La présence de marchands arabes sur le territoire chrétien reste toujours un fait isolé, de sorte que leur rôle n'a jamais pu être que fort modeste dans le mouvement d'importation des produits de l'Orient en Occident. — Nous savons déjà que, jusqu'à l'avènement des Vénitiens, c'étaient principalement les Juifs qui jouaient ce rôle d'intermédiaires (Slouscuz, p. 88, 89, 98. Noël, I, p. 126).

des périls d'un terrain désert et impraticable pour une foule en marche. Aussi, ajoute-t-il, « les Arabes nord-africains ne sont pas entrés dans le Soudan par la voie des caravanes qui mène de la côte méditerranéenne au Kouka, au Ouadaï, etc., mais ils sont venus en passant par le Maroc, après avoir parcouru l'Afrique septentrionale dans la direction est-ouest jusqu'au Niger, et de là ils sont entrés au Bornou et dans le Soudan oriental[1] ». Mais comment nous expliquer alors cette prééminence de l'élément arabe justement dans le Sahara et le Soudan orientaux, invoquée tout à l'heure par Ratzel lui-même ? Remarquons d'ailleurs qu'au Sahara, comme au Soudan, les meilleures terres se trouvent à l'ouest ; en allant vers l'est, la sécheresse s'accroît et la population diminue[1]. Pourquoi la migration arabe ne s'est-elle pas arrêtée dans la partie la plus fertile du territoire parcouru ?

Schurtz, au contraire, constate une différence essentielle entre les « Arabes venus par l'Isthme » et habitant l'ouest (et le nord) et ceux venus par la Mer Rouge, habitant l'est du continent noir[2]. A l'occasion de l'invasion arabe en Afrique qui se produisit au VIIe siècle, il dit que c'étaient, sans doute, précisément les tribus ennemies du mouvement religieux qui émigraient par le détroit de Bab-el-Mandeb[4]. En effet, les dates célè-

<hr>

1. RATZEL, *Kl. Schriften*, II, p. 47.
2. SCHURTZ, *Afrika*, p. 394, 508.
3. *Op. cit.*, p. 531.
4. *Ib.*, p. 544.

bres de la propagation de l'Islam au Soudan ont encore ceci de remarquable qu'elles nous montrent le Bornou (au xi⁰ siècle) et le Soudan occidental (au xiii⁰ siècle) initiés à la religion de Mahomet avant les autres Etats du Soudan central et avant ceux du Soudan oriental (aux xvi⁰ et xvii⁰ siècles). Ces derniers, cependant, étaient beaucoup plus proches du foyer de la religion nouvelle. Il y a là quelques siècles de différence, et cela ne peut pas être l'effet d'un hasard[1]. L'Islam, après s'être propagé le long de la Méditerranée, traversa le désert au xi⁰ siècle. Il fut introduit au Bornou à la fin de ce siècle, dont les premières années l'avaient vu s'établir dans la région du Moyen-Niger. Au début du xiii⁰ siècle, il s'était répandu sur le Haut-Niger. Mais au Ouadaï, au Darfour, au Kordofan, il ne fit son entrée qu'à l'aube et au milieu du xvii⁰ siècle. Entre l'islamisation du Bigharmi et celle du Darfour, il y a encore un siècle d'intervalle; pourtant le Baghirmi est le plus éloigné de l'Arabie et de la ligne de pénétration le long du Nil[2]. Encore sont-ce des nègres qui, au xvi⁰ siècle, ont fait la propagande musulmane au Sénaar, en Nubie et au Darfour[3]. Waitz remarque déjà que le progrès de l'Islam dans le Soudan n'est pas exclusivement dû à des Arabes de sang pur. A l'ouest aussi du Bornou, le mahométisme ne

1. Cf. O. Peschel, p. 323 et Waitz, 2⁰ partie, p. 21.
2. Cf. Schurtz, *Afrika*, p. 529 à 534.
3. Id., p. 544.

fut adopté que par suite de la propagation foul-
bée[1].

Schurtz a trouvé l'explication de cette singularité dans l'histoire du Soudan oriental. Il montre
que, à commencer par le Baghirmi et à finir par
le Darfour, c'est de l'Ouest, par l'intermédiaire
du Bornou[2], que ces pays reçurent les germes
d'une civilisation supérieure, y compris la religion, tandis que « les fondateurs d'Etats » leur
étaient venus par l'Est[3].

Mais précisément, ces conquérants qui « vinrent de l'Est » pour jouer dans le Soudan oriental
le rôle de fondateurs d'Etats[4], c'étaient des Arabes
non-musulmans. Mehemet-Ali fut le premier qui
donna un gouvernement musulman aux races
nègres de la Nubie, du Kordofan, du Darfour et
d'une partie de l'Abyssinie[5]. — Pour cette raison
aussi, les caravanes allant à la Mecque ont toujours dû passer soit par le Maroc, soit par le Fezzan, puis par le Nord africain jusqu'au Caire[6];
pour cette raison enfin, dans le Sahara et le Soudan orientaux, « par un remous paradoxal, les
influences orientales sont venues de l'Occident[7] ».

---

1. WAITZ, p. 18. PAULITSCHKE, p. 98.
2. SCHURTZ, *Afrika*, p. 530, 533. C'est avec le Mahdisme seulement que
se produisit la première influence dans la direction est-ouest (*ib.*, p. 527).
3. *Ib.*, p. 529 à 534.
4. *Ib.*, p. 531, 529, 534. Cf. *Ib.*, p. 520 à 523 : Les *généalogies* des dynasties arabes du Bornou, du Baghirmi, du Ouadaï et du Darfour.
5. PENSA, p. 145.
6. PAULITSCHKE, p. 10. Le Mahdisme a maintenu cet état des choses.
(OHRWALDER, p. 198. PENSA, p. 295).
7. E.-F. GAUTIER, *La conquête du Sahara*, Paris, 1910, p. 142.

Les faits que nous venons d'exposer nous prouvent dès à présent la présence, en Afrique orientale, d'un élément ethnique tout pareil à celui que,
dans les chapitres précédents, nous avons reconnu comme la condition du succès du thaler de
Marie-Thérèse.

Mais ne nous dit-on pas qu'à partir du xvi⁰ siècle l'Islam a emporté même ce boulevard du paganisme arabe? Cependant, considérons qu'au
milieu du xviii⁰ siècle (1745) — date de la plus
grande importance pour notre recherche, — le
mouvement wahabite en Arabie centrale semble
ramener les temps du Prophète. L'analogie entre
ces deux événements est « non-seulement extérieure », mais touche au fond des choses[1]. Aussi
les mêmes causes produisirent-elles les mêmes
effets. Au temps de Palgrave encore (1863 à
1864), l'élan religieux fut la cause d'une émigra-
tion constante de la population qui, réfractaire à
l'Islam, quittait les provinces soumises à la nouvelle foi ou plutôt à la foi renouvelée[2]. Comme au
temps de Mahomet, les Bédouins étaient les ennemis jurés du nouvel ordre des choses[3]. — N'oublions pas que ces mouvements religieux ont
échoué, justement parce que leur extension aurait
eu comme conséquence de transformer toute la

---

1. Schurtz, *Westasien*, p. 388. Palgrave, I, p. 321.

2. « Des centaines d'habitants émigrent chaque jour. » (Palgrave, II,
p. 234). Cela permet même à ce voyageur de comparer ce mouvement à
celui qui fut provoqué en France par la révocation de l'Edit de Nantes.
(Id., I, p. 146).

3. Id., II, p. 137.

table des valeurs de la vie bédouine [1]. La question de la femme et celle de l'honneur du foyer se posent différemment au camp bédouin et chez les Wahabites [2], différence explicable d'ailleurs par le grand rôle de l'élément nègre dans le milieu wahabite [3].

La haine des nomades contre les Wahabites n'est comparable qu'à celle qu'ils éprouvent contre les Turcs. Aussi, tout comme sous Mahomet, y a-t-il là bonne matière pour la satire ; les procédés et moyens de combat ressemblent à ceux qui furent employés au temps du Prophète [4].

Lorsque donc Schurtz vient nous rapporter l'histoire de la colonisation de l'Afrique orientale par les Arabes, colonisation plus récente que celle des Portugais, des Hollandais et des Anglais et qui, depuis le premier quart du xviiie siècle, a eu presque exclusivement son point de départ dans l'Oman, nous voyons clairement la voie de pénétration de l'élément et de l'influence arabes dans cette partie de l'Afrique [5]. Nous savons qu'au xviiie siècle, après l'installation des Turcs au Yémen, cette migration essentiellement nationale abandonna la vieille voie par le sud-ouest de la péninsule pour la nouvelle route par l'Oman [6]. L'arrivée des Turcs en Arabie Pétrée, à la fin du

1. Goldziher, I, p. 4 et suiv.
2. Cf. L'exemple donné par Palgrave, II, p. 233.
3. Id., II, p. 50 à 62.
4. Id., II, p. 231. Schurtz, Westasien, p. 262.
5. Schurtz, *Afrika*, p. 475, 483, 485. Cf. *ib.*, p. 508 à 509 : les *généalogies* des dynasties régnant sur l'Oman-Zanzibar.
6. Schurtz, Westasien, p. 388.

xix⁰ siècle[1], ne put que produire des résultats pareils.

Nous devinons dès lors ce qu'il faut penser de l'invasion arabe dans l'Afrique centrale au xixᵉ siècle[2], invasion qui est, elle aussi, venue en première ligne de l'Omañ, ce pays arabe où ni le mahométisme, ni le wahabisme n'ont jamais réussi à prendre racine[3]. Allons plus loin encore : la coïncidence, à la fin du xixᵉ siècle, de l'installation des Européens sur la côte est-africaine avec la décadence de l'influence arabe et son remplacement par l'élément souahili[4], éclaire d'un jour spécial le fait constaté par MM. Peez et Raudnitz, que le thaler de Marie-Thérèse recule, lui aussi, de la côte orientale vers l'intérieur[5].

Et l'empreinte souahilie que, dans cette partie de l'Afrique, porte l'Islam même[6], plaide encore pour notre cause.

Ce sont donc en effet les Arabes proprement dits, et eux seuls, qui, conservant la vie et les habitudes dont nous avons essayé plus haut de déterminer l'intérêt pour notre question, nous expliquent la faveur dont jouit le thaler de Marie-Thérèse aussi bien en Arabie qu'en Afrique. Seule

1. Musil, p. 90, 98.
2. Ratzel, II, p. 430. L'importance de Zanzibar date de cette époque (Schurtz, *Afrika*, p. 485. Cf. Carton de Wiart, p. 98, 99).
3. Palgrave, II, p. 301. Reclus, IX, p. 390. Il n'existe même pas de route de caravane entre Mascate et La Mecque (Stüwe, p. 298).
4. *Revue musulm.*, II, p. 27.
5. Peez et Raudnitz, p. 142.
6. *Revue musulm.*, II, p. 17 et suiv.

leur présence dans l'Afrique orientale nous fait comprendre pourquoi cette pièce monétaire, dès sa création à la fin du XVIIIe siècle, se rencontre en ces pays éloignés des grands courants commerciaux[1]. L'Egypte, la grande consommatrice de numéraire, n'ouvrait probablement ses caisses au thaler autrichien que parce qu'elle voyait en lui le meilleur, sinon le seul moyen de payer ses fournisseurs en Arabie, en Nubie et en Abyssinie, pays à qui elle servait de débouché pour leurs produits[2]. Niebuhr le constatait déjà pendant son voyage de 1761 à 1764[3]. Et, durant le XIXe siècle même, ce fut là encore la cause principale de l'acceptation de ce thaler par les Egyptiens[4]. De même qu'en Egypte, le thaler de Marie-Thérèse trouvait bon accueil dans la Tripolitaine, « la route du Soudan[5] », d'où il fut transporté en quantités énormes dans l'intérieur, par Mourzouk, comme nous le dit le rapport du voyageur Lukas de 1788[6]. Ce trafic se continue pendant tout le XIXe siècle et jusqu'à nos jours[7].

Mais tandis que d'un côté, par des fluctuations

---

1. Cf. ANDRÉE, I, p. 228. Il ne faut pas nous étonner de cette diffusion étonnante du thaler dès les premières années de son existence. Référons-nous à ce que dit sur les moyens et sur la vitesse et l'efficacité de la communication mentale dans le désert, M. Louis BERTRAND dans la *Revue des Deux Mondes* du 1er décembre 1911, p. 589.

2. MASSON, *XVIIe siècle*, p. 398.

3. Cf. PEEZ et RAUDNITZ, p. 96 à 98.

4. *Mitteilungen*, p. 554.

5. Expression employée dans la *Revue du Monde Musulman*, VII, 1909, p. 311 et suiv., dans l'art. intitulé : *La Tripolitaine il y a cent ans et aujourd'hui*.

6. D'après PEEZ et RAUDNITZ, p. 115.

7. Id., p. 115 et 117. *Consularber.* de Tripoli, *loc. cit.*

intérieures dans la zone arabe, dont nous tracions plus haut les limites, le thaler autrichien passait d'Asie en Afrique, en traversant la Mer Rouge[1], de l'autre, à l'ouest de la route du Soudan, où cependant le commerce des caravanes battait son plein, le thaler se voyait éclipsé par le colonnado[1]. Rappelons-nous à cette occasion le commerce arabe entre l'Oman et Zanzibar. Ce sont encore des Arabes qui font les transports entre le Darfour et l'Egypte, le Kordofan et Khartoum, en un mot, dans le Soudan oriental et l'Abyssinie[2].

En Afrique encore, comme en Arabie, les sédentaires doivent avoir adopté le thaler autrichien parce qu'ils le voyaient préféré par les Bédouins, leurs caravaniers, car le grand « commerce, presque exclusivement de transit[4] », se servait jusqu'à la fin du XIXe siècle de la monnaie des Arabes.

Rien enfin ne prouvera mieux l'influence arabe dans la prédilection pour le thaler autrichien que la petite observation suivante : les Touaregs, à tant de points de vue semblables aux Arabes,

---

1. Rapport de BRUCE, datant des années 1768 à 1773, sur le commerce entre Moka et Sénaar (Cf. PEEZ et RAUDNITZ, p. 100). M. MASSON (*XVIII*e *siècle*, p. 595) dit aussi que le thaler servait là-bas principalement pour le « commerce interne ». C'est pour cela sans doute qu'au pays des Somalis cette monnaie porte la désignation de « Venue d'Orient » (PEEZ et RAUDNITZ, p. 134).

2. Cf. Sur cette région, y compris la Tunisie, l'Algérie et le Maroc, PEEZ et RAUDNITZ, p. 118 à 124.

3. PENSA, p. 235. RECLUS, X, p. 405. PAULITSCHKE, p. 217. Nous n'insistons sur ce point de l'activité des Arabes que pour nous convaincre que c'est en principe de cette façon que le thaler autrichien pénétra chez eux en Afrique comme en Asie. La question de la participation d'autres peuples à ce commerce étant indifférente à notre étude, nous la laissons de côté.

4. *Grande Encyclopédie*, art. *Abyssinie*. *Revue mus.*, XII, 1910, p. 507 et suiv.

nomades comme eux, chevaliers et au besoin brigands comme eux, sont remarquables eux aussi par la considération dont ils entourent la femme, ce qui leur est permis par le peu de cas qu'ils font des prescriptions du Coran[1]. La poésie fleurit également chez eux, et ils font des réunions et des concours galants[2], comme on en voit chez les Arabes et dans notre moyen âge. Racinet nous montre encore que la femme touareg a le goût de la parure comme la femme arabe. Mais ce goût commun ne fait que mieux ressortir la différence de leurs parures ; le frontal (diadème arabe) est devenu presque couronne ; et ce joyau, trop lourd, n'est plus appliqué directement sur la chevelure[3]. En outre, la parure d'or se montre chez les Touaregs, et nous savons qu'elle est due uniquement à l'influence des Maures, tandis que la parure exclusivement d'argent se trouve, en Afrique, dans la partie orientale, sous l'influence arabe ou indienne[4]. Aussi les Touaregs, bien qu'ils contribuent, en tant que caravaniers, à la propagation du thaler dans le Sahara, n'en ont-ils pas fait leur monnaie favorite, et même ils lui préfèrent le colonnado[5] ; le thaler autrichien ne se voit chez eux qu'exceptionnellement[6].

1. Cf. *Rec. mus.*, t. V, p. 520 et suiv.
2. Cf. *Ib.*, p. 523. Cf. Reclus, XI, p. 841 et 842 et E.-F. Gautier, *Op. cit.*, p. 177.
3. Racinet, *descr.* de la pl. 165.
4. Ratzel, II, p. 76. Cf. *Rec. Mus.*, VIII, p. 440. Ici encore cette parure correspond à celle des femmes juives du Maroc (Cf. *Ill. Kat.* n° 483, 484). Nous savons d'ailleurs que dans le Maghreb encore, ce sont des Juifs qui exercent le métier d'orfèvre (*Archives Mar.*, VI, 1906, p. 140).
5. Pérez et Raudnitz, p. 119, 123.
6. M. Maurice de La Fosse dans une *lettre particulière*

Le thaler de Marie-Thérèse nous paraît présenter pleinement les caractères de ces « moments ethnographiques[1] » dont la profusion nous permet de combler certaines lacunes de l'histoire indécise des pays et des peuples. — On a voulu délimiter le territoire de circulation du thaler autrichien en y comprenant le monde musulman à l'exception de ses extrémités est et ouest[2]. MM. Pecz et Raudnitz ont supposé[3] que les progrès de l'Islam africain au XIX° siècle furent une des causes de 'a diffusion du thaler. Certes, les grands mouve. ents de peuples et les migrations qui en furent la conséquence, peuvent avoir été pour quelque chose dans sa propagation, mais si nos auteurs attribuent au Mahdisme une influence directe au profit de notre pièce monétaire[4], ils sont contredits par Ohrwalder[5]. Le Mahdisme aurait-il donc peut-être contribué à l'estime du thaler par des mesures prohibitives, ainsi que l'avaient fait et le firent encore plus tard les Turcs? — D'ailleurs, l'Islam ne nous explique ni les lieux et les directions, ni les raisons de la diffusion de cette monnaie. Ce n'est pas le mouvement islamique du XIX° siècle, pas plus que le caractère économique des pays où cette pièce est acceptée, qui peut nous servir de guide. Il y a des musulmans qui ne l'acceptent pas comme monnaie tout

1. RATZEL, *Kl. Schr.*, II, p. 248.
2. PECZ et RAUDNITZ, p. 13.
3. *Ib.*, p. 18.
4. *Ib.*, p. 99, 101, 142.
5. *Ouvr. cit.*, p. 151 et suiv.

en la connaissant et en en faisant le commerce. Il y a toute une région de l'Asie Antérieure et de l'Afrique septentrionale qui, tout en vivant dans les mêmes conditions économiques, n'a cependant pas préféré le thaler de Marie-Thérèse, et cela malgré ses relations continues avec les pays où cette pièce est préférée. Et quand on nous dit que le thaler de Marie-Thérèse est la monnaie favorite de l'Arabe[1], on ne nous explique pas encore pourquoi l'Arabe du Maroc ou de l'Algérie ne partage pas[2] ce préjugé de son congénère de l'Assir, de l'Oman ou du Soudan oriental, ni pourquoi l'Arabe sédentaire, surtout celui de la côte, est volontiers enclin à accepter une monnaie, quel que soit son aspect extérieur, pourvu que son titre lui convienne[3]. Notons ici que, par exemple, dans tout le Hedjâz comme à Djedda, le port de la Mecque, le thaler de Marie-Thérèse ne l'emporta qu'après la suspension définitive de la frappe des colonnados[4].

Pour nous, nous nous sommes efforcé de prouver que c'est en Arabie qu'il faut rechercher les raisons du succès inouï de la monnaie autrichienne, que c'est un seul et même groupe ethnique, les Arabes bédouins, qui en a été la cause en Arabie, et qui l'a été aussi dans la partie africaine du territoire de circulation du thaler. En effet,

1. *Mittellungen*, p. 548. Peez et Raudnitz, p. 91, 142.
2. Peez et Raudnitz, p. 21, n. 1, 29, 110.
3. *Ib.*, p. 92 et 93, n. 1 (Hedjâz) p. 109, n. 1 (Zanzibar).
4. *Ib.*, p. 92, 93. Haupt, p. 833.

nulle part ailleurs, le thaler n'a trouvé un débouché permanent, bien qu'il ait été accepté passagèrement en beaucoup d'autres pays, musulmans ou non ; de plus, il est tellement devenu la monnaie ou l'objet de parure de l'Arabe païen que la région de sa plus grande estime coïncide avec celle où l'Arabe non-musulman trouve et a toujours trouvé un abri contre le zèle et l'intolérance islamiques.

Des deux côtés de la Mer Rouge, l'Arabe a donc gardé les habitudes que nous indiquions plus haut, tant qu'il a conservé la constitution séculaire de sa société nomade[1]. Jusque dans son rôle de fondateur d'Etat, il a perpétué ses mœurs chevaleresques, tant en bien qu'en mal. Si le noble arabe a pu, malgré sa tente, être comparé au chevalier du moyen âge, le cadre de l'Etat médiéval ressemble encore davantage à la féodalité des Etats arabes, arabisés ou fondés sur le modèle arabe. A commencer par le Yémen et à finir par le Bornou, toute cette région nous montre les mêmes caractères politiques et sociaux. « Politiquement et socialement, le Yémen montre une féodalité dérivée de l'organisation tribale des Bédouins. La tribu, constituant une unité fermée, règne sur la population soumise et divisée en castes. Celles-ci s'adonnent aux arts de la paix, tandis que dans la

1. Cf. Schurtz, *Afr.*, p. 523 : *Généalogies* de quelques tribus arabes répandues dans le Soudan oriental. Dans le même ouvrage, Schurtz note, à plusieurs reprises, le fait de l'activité de Bédouins arabes dans les divers Etats soudanais avec ou sans le consentement des gouvernements.

tribu régnante, on conserve les vieilles habitudes
des nomades, habitudes qui se sont raffinées, il
est vrai, mais qui restent tout de même assez
caractéristiques pour laisser reconnaître leur origine[1] ». Schurtz[2] donne une description pareille de
la constitution féodale des Etats du Soudan oriental. La poésie d'amour aussi bien que l'hospitalité
sont, dans ces pays, des indices très sûrs de l'influence arabe ou du passé bédouin de la noblesse[3].
Même la spécialité du chevalier, pillard et poète à
la fois, s'y retrouve[4].

Comme l'organisation des Arabes érythréens
est pareille à celle des Bédouins d'Arabie, c'est
donc en Afrique comme dans la Péninsule[5], la
femme qui, en première ligne, se prononce en
faveur du thaler de Marie-Thérèse[6]. Aussi la valeur de celui-ci se trouve-t-elle fondée sur ce fait
qu'il sert d'objet de parure. Le dictionnaire arabe
de Belot, comme nous l'a écrit M. Derendinger,
donne au mot « *gurs* » les indications suivantes :
pain rond et plat, disque (du soleil, etc...), *disque
de métal dont les femmes se servent pour la parure.* Or, le mot « *gurs* », ajoute le même explorateur, est le vrai nom qui désigne le thaler. — Ce
n'est pas la bonté de l'aloi qui importe, mais ce
sont le diadème et l'agrafe de l'Impératrice qui

---

1. WINKLER, p. 232. Cet auteur dit expressément que la noblesse y est
organisée en tribus, non en familles.
2. *Afrika*, p. 525 à 527.
3. GOLDZIHER, I, p. 80, n. 2. MAUNIER, p. 779.
4. GOLDZIHER, I, p. 118, 120, II, p. 322. WINKLER, p. 230.
5. *Lettre particulière* de M. MUSIL.
6. BARTH, II, p. 181, note. CHEVALIER, p. 362, n. 1.

doivent être bien visibles[1]. Dans la région érythréenne, l'estime de l'effigie atteint un degré tel[2] que même des pièces fausses y circulent à profusion, parce qu'elles portent cette effigie[3].

De ce côté-ci de la Mer Rouge comme de l'autre, le forgeron est méprisé[4], et le métier d'orfèvre, étant exercé par le forgeron[5], se trouve forcément frappé de la même déconsidération sociale. Chose curieuse, il y a presque coïncidence complète entre les pays où circule le thaler autrichien, d'après les données recueillies par Andrée, et la région africaine dans laquelle le forgeron-bijoutier est méprisé[6].

Ici, comme dans la région méditerranéenne, le thaler de Marie-Thérèse ne l'a emporté sur le colonnado que par suite d'une concurrence qui se poursuivit jusque dans la seconde moitié du XIXᵉ siècle[7]. En Afrique aussi, le thaler bénéficia d'une plus-value assez élevée pour lui permettre de concurrencer les autres espèces, malgré l'absence de

1. ROHLFS, p. 188, M. DERENDINGER fait une observation pareille dans la lettre qu'il a eu l'obligeance de nous adresser.

2. MAUNIER, p. 788.

3. Cf. PEEZ et RAUDNITZ, p. 126. (Afrique centrale), p. 127 (Suez, d'après le rapport de PAULITSCHKE), M. G. FERRAND, *Lettre particulière*, [adressée à M. Hauser qui a bien voulu nous la communiquer] (Mer Rouge).

4. ANDRÉE, I, p. 158 et suiv. Cf. *Rec. Mus.*, VII, p. 123 et suiv. (Analyse de l'ouvrage de M. Edmond DOUTTÉ. *La société musu'mane du Maghreb*, Alger, 1909) et *Rec. mus.*, IX, p. 455. MAUNIER, p. 774. Cf. SCHURTZ, *Das afrik. Gewerbe*, Leipzig 1900 (Preisschr. der Jablon. Gesellsch. t. xxxv).

5. BARTH, II, p. 160. M. de LA FOSSE, (*Lettre particulière*) et SLOUSCHZ, *Hébréo-Phén.*, p. 75. SCHURTZ, *ibid.*, p. 46.

6. ANDRÉE, I, p. 225 et suiv. Cf. SCHURTZ, *ibid.*, la carte II face à la p. 13. Il est à remarquer que chez d'autres peuples, et surtout dans les pays qui ont le fer comme matière monétaire, les forgerons sont très estimés.

7. ROHLFS, p. 188, 189. BARTH, II, p. 161, n., p. 393, n. 2. LENZ, II, p. 157. PEEZ et RAUDNITZ, p. 108 et suiv.

communications directes entre l'Autriche et les ports d'importation de cette monnaie[1].

II. Phase d'évolution économique, à laquelle correspond l'acceptation du thaler de Marie-Thérèse.

Tout ce que nous avons vu jusqu'à présent de l'organisation sociale, de la constitution politique, des mœurs, du luxe, etc., chez les Arabes, tout cela nous a rappelé des institutions correspondantes du moyen âge européen. Or, M. Schmoller, résumant d'autres constatations, arrive à ce résultat que l'Afrique du Nord et l'Arabie se trouvent, économiquement aussi, dans les mêmes conditions que l'ouest de l'Europe au moyen âge[2]. Ce sont d'ailleurs aussi les traits caractéristiques de l' « économie » des Grecs, des Carthaginois et des Romains, « économie » à l'aide des esclaves et des serfs, dans le cadre de la famille ou du clan; ce sont les traits du village hindou avec ses artisans fonctionnaires de la commune. L'Economie domaniale du moyen âge, chez les peuples romans et germaniques, montre aussi ces caractères[3]. Outre les esclaves travaillant pour leur maître, l'Arabe connaît encore une espèce de fonctionnaires publics, les

---

1. Haupt, p. 839. H. Deutsch, p. 143. *Consularber.* du Caire, 1909, p. 29, de Zanzibar, 1901, p. 8.
2. Schmoller, p. 25. Maunier, p. 80 et suiv.
3. Bücher, p. 55, 59 et suiv., 64 et suiv.

artisans et les marchands qui exercent leur profession en protégés et au profit du cheïk[1]. Cette « économie isolée », dit M. Bücher, « ne connaissait une production qu'en vue de ses besoins; et là où cette production était insuffisante, on y suppléait par les cadeaux qu'on faisait en escomptant un cadeau en retour, par le prêt d'objets d'usage et d'outils, par la rapine même, s'il le fallait. La création des liens d'hospitalité, la mendicité autorisée, l'union avec le brigandage de la vie nomade et de l'ancien commerce maritime... coexistent d'habitude avec l'économie domestique fermée[2] ».

Ma[i], jusque dans l'histoire monétaire, cette analogie se poursuit aux deux époques et dans les deux régions. Là-bas, comme autrefois chez nous, la monnaie de commerce joue un rôle immense, qui s'est effacé dans l'Europe des temps modernes[3]. Toutes proportions gardées, les orfèvres nomades des Arabes ne nous rappellent-ils pas les monnayeurs-orfèvres ambulants du moyen âge ? N'y a-t-il pas des deux côtés une situation sociale particulière, faite à ces artisans[4] ? Même l'hérédité est un des caractères communs que l'on constate[5]. « La charge de directeur d'une *Officina publica fiscalis monetae* n'était pas incompatible avec l'exercice du métier d'orfèvre et de négociant en métaux précieux. Les monétaires étaient des

---

1. Musil., III, p. 336, *Arch. Maroc.*, VI, 1906, p. 140.
2. Bücher, p. 74.
3. Luschin, p. 138, 240.
4. Engel, et Serrure, I, *Introduction*, § v, p. 94.
5. Id., *Introduction*, p. xlv, Babelon, I, p. 822, 871.

spéculants et des industriels en même temps que des fonctionnaires. » Et, chose curieuse, la ressemblance va jusqu'à ce point qu'au moyen âge aussi, c'étaient des Juifs qui se chargeaient de ce genre d'affaires. Au moyen âge, « l'avantage que l'on peut retirer du commerce des métaux précieux et de l'intelligence des effets de rapports différents entre les métaux existants dans les pays différents, était connu seulement du Juif et de l'Italien [1] ».

Or, si nous en arrivons à la monnaie, nous trouvons que M. Bücher nous dit justement que cette période du développement économique n'a pas besoin de moyens d'échange [2]; c'est donc que la présence d'une espèce monétaire doit s'expliquer par d'autres causes. Nous voilà complètement rassurés quant au thaler de Marie-Thérèse et à sa situation exceptionnelle chez les Arabes ; l'état économique de ces derniers ne demandant pas impérieusement de circulation monétaire, nous voyons que c'est uniquement par ce que nous appelons une fonction sociale pure que ce peuple est arrivé à une relation économique avec le monde ambiant. Nous comprenons définitivement ce que jusqu'à présent nous nous étions bornés à constater, que la prédilection pour le thaler autrichien, loin d'être économiquement justifiable,

---

1. SHAW, p. XIII ; LUSCHIN, p. 81. ENGEL et SERRURE, I, p. 92, 94. J. CONRAD, *Grundriss der polit. Œkonomie*, 1re p., 3e éd., Iéna 1900, p. 144. DUBOIS, p. 66. HAUSER, p. 314, n. 4.

2. BÜCHER, p. 72, 73, 76. SCHMOLLER, p. 67, 68.

trouve sa raison d'être dans un ordre d'idées inexplicable par la matière métallique seule d'une pièce monétaire. D'un autre côté, le besoin de luxe des Arabes ne pouvait se satisfaire que par un objet assez précieux pour justifier son transport coûteux et périlleux à travers le désert [1]. La condition de la rareté nous semble donc remplie justement par ce fait que ce n'est pas le long des grandes routes commerciales que le thaler s'est répandu [2]. Nous sommes décidément en présence d'une valeur d'amateur.

Cela ne veut aucunement dire que, jamais et nulle part dans la région délimitée de sa circulation, cette pièce n'ait eu à remplir le rôle d'un véritable moyen d'échange, à force d'y être importée par le commerce, d'être acquise par le troc et de profiter d'une échangeabilité universelle et internationale. Cependant l'anéantissement presque complet du commerce dans le Soudan oriental et central [3] nous prouve à son tour que le thaler de Marie-Thérèse, refrappé sans cesse, trouve son emploi ailleurs que dans des relations économiques. Il y a donc lieu de supposer que cette échangeabilité n'est en grande partie qu'une fonction de cette qualité du thaler de servir d'objet de parure. Le goût de la parure et de l'orne-

---

1. Ces transports n'existent que pour les articles qui peuvent supporter une majoration du prix de 600 à 1.000 francs par tonne, dit M. Paul LEROY-BEAULIEU (*Transsaharien*, p. 399).

2. Cf. GIDE, p. 50 et suiv.

3. DÉHÉRAIN, p. 92. CHEVALIER, p. 402. 395, 360. *Consularber.* du Caire, 1900, p. 37; de Tripoli, 1902, p. 4.

ment étant un des goûts les plus universels du genre humain, nous touchons ici à une question de la plus grande importance pour l'histoire de la valeur monétaire en général.

Il est vrai que, de nos jours même, et en pleine Europe capitaliste, la demande des métaux précieux pour des emplois extra-monétaires en fournit la base d'évaluation jusque dans leur emploi comme monnaie [1], car, « pour la limite d'une valeur en baisse, c'est le but *le moins important* qui est décisif, qui détermine la valeur-limite [2] ». La suite des idées dans cette démonstration est la suivante : « La valeur est déterminée par l'utilité subjective. Cette utilité n'est pas la même pour chaque unité possédée ; et elle décroît (car l'intensité du besoin diminue) à mesure que le nombre d'unités possédées augmente. Or, c'est l'utilité de la dernière unité (*la moins utile*, par conséquent, car elle correspond au dernier besoin satisfait) qui détermine et limite l'utilité de toutes les autres [3]. »

Voilà ce qui certes convient à la valeur de la monnaie en temps capitaliste. Mais étant donné, au contraire, la grande estime accordée par les primitifs aux métaux précieux, rien qu'en raison de leur utilité comme objets de parure, nous de-

---

1. Et pour cause : SOETBEER suppose que la monnaie métallique n'est que le sixième ou le cinquième de la provision totale de l'or et de l'argent. D'autres évaluations vont, il est vrai, jusqu'à la moitié. Mais en tout cas, la demande pour le monnayage ne forme qu'un facteur, même pas le plus important, de la valeur de tout métal précieux (SCHMOLLER, p. 91).

2. *Ib.* et tr. fr., p. 217.

3. GIDE, p. 58, n. 1.

vons plutôt tâcher de trouver le moment où la conscience d'une valeur économique de cette parure vient à se former. Toutefois, la question de savoir comment a évolué et s'est développée cette conscience d'une valeur économique, ne se pose que sous toutes réserves. Le témoignage de M. Schmoller, que nous venons de citer, nous fait plutôt soupçonner qu'il serait vain de chercher une transition entre la conception esthétique et non-économique d'une pièce monétaire et sa définition économiquement établie (dans un commerce avancé, par exemple). Car à un moment donné, il y a sans aucun doute *coexistence* de ces deux points de vue. Nous savons d'ailleurs qu'il est possible que divers éléments des phases d'une évolution économique coexistent. Dans tous ces classements et définitions, il ne s'agit que de la prédominance de certains phénomènes sur certains autres[1]. La question n'est pas de saisir le moment où les deux points de vue se succèdent dans l'ordre chronologique, mais plutôt le développement socio-psychique de la conception primitive jusqu'au point de coïncidence des deux valeurs.

On dit, nous le répétons, que la constitution économique des pays tels que ceux où circule le thaler de Marie-Thérèse n'a même pas besoin d'une monnaie. Si échange il y a, produits ou services se paient *in natura*[2]. Or, cette « économie

<hr>

1. Cf. Bücher, p. 112. Schmoller, éd. fr., t. III. Hauser, p. 204.
2. Bücher, p. 72, 73.

domestique » suppose la collaboration de personnes en rapports intimes et constants travaillant ensemble, chacun pour tous et tous pour chacun[1]. C'est donc ce communisme qui d'abord doit être battu en brèche avant qu'on puisse éprouver la nécessité de moyens d'échange, généralement admis, pour que chacun à son gré puisse se procurer, par le commerce, tout ce dont il aura besoin, sans collaboration ni consentement de la société. C'est dans ce sens que M. Simmel a pu développer l'idée du grand rôle civilisateur de la monnaie qui a libéré du joug de la société l'individualité personnelle[2]. « C'est précisément la monnaie qui détruit le communisme[3]. » Mais la parure, n'appartient-elle pas à la catégorie des biens dans lesquels la propriété individuelle prend son origine[4]?

Nous savons que, à côté du luxe résidant dans l'acquisition et la possession d'un objet de parure, les Arabes ont encore, et principalement, leur luxe à part, le luxe médiéval, l'hospitalité, le grand nombre de serviteurs. Or, voilà que Tarde, avec son discernement habituel, nous montre que l'histoire prouve l'antagonisme de ces deux sortes de luxe[5].

Le nombre, d'année en année croissant, des

<hr>

1. Schmoller, p. 94, éd. fr., III, p. 223. Cf. Laveleye.
2. Georg Simmel, *Philos. des Geldes.* Cf. Schmoller, éd. fr., p. 232 et suiv.
3. Schurtz, p. 18.
4. Helfferich, p. 11. Gide, p. 407.
5. Tarde, II, p. 118 et suiv.

thalers frappés sur commande[1], bien que, sous
l'influence ou la pression des peuples colonisateurs, une grande partie de leurs clients séculaires
les ait délaissés[2], nous prouve donc sans nul
doute un accroissement permanent du luxe personnel aux dépens de l'autre luxe qui s'épuisait
souvent en une hospitalité exagérée et ruineuse.
En effet, « cette monnaie est demeurée en quelque
sorte aristocratique », nous confirme M. Derendinger. Cependant les moyens de ce luxe personnel, les thalers, accessibles à tout le monde à cause
de leur quantité et par suite de la petitesse rela-
tive de leur valeur, tendent eux-mêmes à se démo-
cratiser, d'autant plus que leur possession, devenant richesse, est compatible avec n'importe quelle
profession ou condition sociale. M. Helfferich[3] sou-
ligne cette qualité des métaux précieux dont l'acceptation ne dépend d'aucune condition profes-
sionnelle. Cela les a certainement aussi recom-
mandés pour leur emploi comme matière monétaire.

Ce besoin de luxe, surtout étant si facile à satisfaire, peut devenir des plus impérieux. Certes,
« le besoin de nourriture est en l'espèce plus important que celui des objets de parure et de vanité.
Néanmoins il y aura quelques désirs alimentaires
qui, une fois les premiers besoins de nutrition
assouvis, seront beaucoup moins ardents que

---

1. Cf. Notre *Appendice I* (Statistique).
2. Peez et Raudnitz, p. 141, 142.
3. *Op. cit.*, p. 23.

certains goûts de parure, surtout lorsque ceux-ci auront pour la première fois la possibilité d'être satisfaits[1] ».

« On comprend sans peine que dans les limites resserrées d'un clan primitif, où tous les besoins et tous les goûts sont à peu près semblables, les désirs enfantins de posséder certains objets déterminés, pour des raisons utilitaires et encore mieux pour des motifs esthétiques, se soient vite généralisés et, par stimulation réciproque, se soient élevés à une hauteur pratiquement infinie, en sorte que l'idée de se servir de ces choses infiniment et continuellement appréciées par tous comme mesure générale de valeur, comme moyen d'échange et comme moyen d'accumulation des richesses, se soit offerte d'elle-même[2]. »

Rappelons ici enfin le mot de M. Simmel sur l'affranchissement de l'individu à l'aide de la monnaie. C'est qu'en effet la force libératoire d'une pièce monétaire et sa vulgarisation marchent de pair. Cet emploi comme moyen de paiement légal, au sens le plus large du mot, est d'ailleurs la fonction monétaire par et pour laquelle la notion de *monnaie* semble s'être formée[3].

Le même résultat est donc atteint par deux voies différentes qui convergent vers le même but : le luxe public de la noblesse tendant par

1. WIESER, *Nat. Wert*, p. 11.
2. TARDE, I, p. 283.
3. FUCHS, p. 26, 27.

nature à se transformer en luxe personnel et privé, se voit en outre intentionnellement poussé dans le même sens grâce à la possibilité de s'agrandir à l'aide des contributions, volontaires ou non, des sujets. « A l'intérieur du Soudan, la monnaie ne se trouve qu'entre les mains des cheïks riches. Les habitants sont très pauvres et débiteurs permanents des cheïks qu'ils dédommagent le plus souvent *in natura*[1]. » Mais ces sujets, à leur tour, trouvant dans ce nouvel objet de luxe le moyen de se libérer de leurs obligations envers leur seigneur, ont en même temps l'espoir de pouvoir arriver, eux aussi, à posséder ce que désirent les riches, de devenir riches eux-mêmes. Ainsi apparaissent et la qualité de la monnaie, qui est d'accumuler et de conserver la valeur[2], et le rôle économique et social de la thésaurisation. Nous savons que « la monnaie métallique suppose un excédent de richesse disponible[3] ».

Roscher disait qu'à toute époque le besoin de luxe se satisfait de préférence dans des objets à bon marché, que plus l'Economie d'un peuple fait de progrès, plus chères deviennent toutes les marchandises produites par la nature et meilleur marché les produits industriels[4]. Appliqué à notre cas, cela veut dire que, plus les produits échangeables croîtront en valeur, plus la valeur du

---

1. *Consularber.* du Caire, 1901, p. 54.
2. « *Werlaufbewahrungsmittel* ».
3. Foville, p. 13, n. 1.
4. Roscher, I, p. 118.

thaler devra baisser par rapport à eux. — Ce qui,
aux temps féodaux, n'était bon marché que pour
les nobles, à savoir le luxe sous forme de festins,
tend à se remplacer par une autre forme de luxe,
incarnée dans l'objet de parure, et que les petits,
cultivateurs et artisans, peuvent se procurer en
échange des produits de leurs mains. « C'est leur
parure, mais c'est aussi leur capital[1]. » Parfois la
seule richesse matérielle du petit travailleur consiste dans la parure de sa femme.

C'est ici que nous trouvons le point de contact
des deux aspects de la valeur d'une pièce monétaire devenant tour à tour objet de parure et
moyen d'échange ou inversement[2]. La jouissance
assurée par la possession de l'objet de luxe collabore ici à la constitution d'une valeur à peu près
égale à celle qui est fondée sur la somme du travail dépensé pour l'avoir, ou basée sur celle du
travail évité par son utilisation. La diversité dans
ces points de vue n'est due qu'à une différence
dans le degré de civilisation[3].

« L'utilité d'une telle représentation de la Valeur ne consiste », nous dit-on, « qu'en ce qu'elle
fournit une aide psychique très efficace en permet-
tant des résolutions motivables par égard à des
objets proches ou palpables, au lieu d'en chercher
les justifications dans les émotions plus ou moins

---

1. Foville, p. 127. Cf. Reclus, X (*Afrique sept.*), p. 506.

2. Même le luxe culinaire connaît déjà cette transition. A l'occasion de
festins on fait aux marchands des cadeaux (morceaux de viande, etc.) pour
avoir de leur marchandise (Musil, p. 195).

3. Wieser, *Wirtsch. Wert*, p. 106, 107.

obscures[1]. » C'est ici qu'apparaît le *tertium comparationis*.

Ainsi, en effet, la dissolution de l'organisation sociale des Arabes, et elle seule, pourra être la cause d'un état économique tel que le besoin de moyens d'échange s'y fera sentir. Par contre-coup, la monnaie, une fois installée, même comme moyen de parure, contribue elle-même très efficacement à l'abolition de ce que la constitution sociale montre de particulier chez ce peuple. Car c'est surtout le luxe nouveau et personnel qui participe à cette tache de décomposition : directement, par sa tendance à remplacer l'ancien luxe social, et indirectement en favorisant la formation de la notion d'une valeur économique, condition *sine qua non* de la notion *monnaie*. En effet, le luxe qui consiste dans des monnaies servant de parure atteint plus ou moins vite, mais fatalement, le point de satiété. Et lorsqu'on constate quelque part l'entassement de masses énormes de ces pièces, comme par exemple cette citerne remplie de thalers de Marie-Thérèse trouvée dans l'Assir, le domaine de la parure-épargne semble être dépassé[2].

Voici d'ailleurs comment au sein de l'hospitalité, facteur social de premier ordre, ces conceptions « économiques » peuvent se former. M. Mau-

1. *Ib.*, p. 29 et 95 à 97.
2. Cet exemple est cité par MM. Peez et Raudnitz [p. 93, n. 3].

nier nous rapporte[1] qu'on peut constater chez les Abyssins et les peuples érythréens une combinaison originale entre l'hospitalité et le courtage. L'hôte qui reçoit y sert aujourd'hui d'interprète, de défenseur devant la justice, et joue le rôle de commissionnaire; enfin, il assure le marchand qu'il héberge contre tous les risques, tout comme il lui avait jusqu'à présent accordé la protection de sa personne et de ses biens. Peut-être est-ce pour cette raison que les Bédouins se moquent de l'hospitalité payante et marchandée qu'on peut remarquer chez les « demi-castes de Syrie »[2]. Cependant, à l'origine de tout cela, on peut sans doute mettre la protection des caravanes et des marchands par les chefs ou d'autres personnages puissants[3] qui, en récompence, reçoivent des cadeaux. Et cela est un fait dont les traces se trouvent également même parmi les Arabes nomades[4], et dont M. Bücher a précisé la place et le rôle dans l'évolution économique[5].

Une évolution qui se produirait de la manière que nous décrivons équivaudrait sûrement à l'abolition de l'individualité ethnique de l'Arabe du désert[6].

---

1. MAUNIER, p. 789, 784, 785.
2. RECLUS, IX, p. 880.
3. MAUNIER, p. 783, 784.
4. MUSIL, p. 338.
5. BÜCHER, p. 72, 127.
6. Cf. SCHMOLLER, éd. fr., III, p. 159 : « Nous pouvons suivre le parallélisme entre les stades du développement du numéraire et l'idée de plus en plus parfaite qui se forme de la valeur économique, d'une division du travail plus complète et d'une grande circulation. »

Nous n'avons qu'à regarder les habitudes de l'Arabe sédentaire pour nous convaincre que le changement de la vie sociale et celui de la vie économique marchent ici de pair. Chez les sédentaires, le rôle de l'amour est effacé[1], l'hospitalité est réduite à l'indispensable[2]. Les sédentaires ne prenaient même pas part aux concours poétiques, politiques, etc., des foires[3]. Ainsi « le genre de vie plus que la race distingue les populations »[4]. Mais cette évolution n'est pas l'affaire de quelques dizaines d'années; surtout quand il s'agit de populations qui, durant des milliers d'années, ont su résister à toute attaque contre leur organisation.

Toutefois des influences extérieures y seront tout de même aussi pour quelque chose. Déjà, la tendance du Mahdisme à anéantir systématiquement la puissance des Arabes a pleinement réussi. Les tribus ont perdu leurs chefs et sont réduites à l'impuissance[5]. Remarquons pourtant qu'il y avait des Arabes nomades parmi les adhérents zélés du Mahdi[6]. Pour eux, des raisons économiques prévalurent[7]. D'ailleurs rien que l'immigration de tribus arabes de l' « Ouest dans la vallée du Nil », immigration encouragée par les successeurs du Mahdi, nous fait mieux comprendre le nouvel état

1. MUSIL, p. 212.
2. Id., p. 352.
3. WELLHAUSEN, p. 81.
4. RECLUS, X, p. 508.
5. PENSA, p. 294.
6. Ib., p. 246, 270.
7. COCHERIS, p. 268.

de choses [1]. Ce mouvement de la population n'a pas encore cessé, qu'il finit déjà par donner une certaine homogénéité, quant à l'élément arabe nouveau, à la population soudanaise du Darfour au Ouadaï » [2].

Eu égard à ce que nous avons appris sur le caractère trompeur du critérium que fournit la langue arabe, nous citons encore ce fait que la Mission Chari-Lac Tchad a trouvé des Arabes forgerons et fondeurs de minerais de fer, tout comme aussi M. Maunier suppose des artisans arabes chez les Somalis [3]. Ces faits nous démontreraient en effet un changement radical du caractère arabe. Un indice très sérieux de cette évolution nous est rapporté par M. Musil [4] : Les Bédouins apprennent à lire et à écrire. Voilà une des pierres d'assise de la société arabe qui va s'ébranler. Nous savons que c'est la poésie qui, chez les Arabes, jouait le rôle des archives généalogiques [5], et nous n'ignorons pas combien tout leur organisme social en dépendait.

L'influence possible des puissances européennes, subie sans doute avec plus de résistance, s'imposant d'ailleurs par la force, ne peut pas être prise en considération dans cette question d'évolution plus ou moins spontanée. Ces nations peuvent cependant, l'évolution accomplie ou près de l'être,

1. Déhérain, p. 92, 93.
2. Id., p. 76, 77. Cocheris, p. 230.
3. Chevalier, p. 393. Maunier, p. 777.
4. *Loc. cit.*, p. 227.
5. Goldziher, I, p. 46, n. 6.

faire valoir leur expérience et leur outillage. C'est même un rôle qui ne resterait pas un fait isolé dans l'histoire monétaire.

***

Nous sommes en présence d'un peuple qui, ne pouvant ou ne voulant pas fabriquer lui-même les monnaies dont il a besoin, soit pour sa parure, soit pour son commerce, les choisit parmi celles des peuples plus avancés en art et en civilisation[1]. C'est pour ces raisons que la monnaie de commerce jouait au moyen âge un rôle très important[2]. Or, comme dit M. Schmoller : « Un système monétaire satisfaisant ne s'en est pas suivi. Pendant des siècles, des monnaies étrangères peuvent ainsi en grande quantité circuler chez les Barbares sans qu'une Économie basée sur la monnaie, une *Geldwirtschaft*, s'en forme. » Il y a un indice plus sûr de la transition vers l'Économie monétaire dans la constatation de la naissance d'un certain besoin de menue monnaie (billon). Cela trouve sa justification dans la formation du *marché*, et ce phénomène se montre en Afrique comme dans le moyen âge européen[3]. Tel a été, tout récemment

---

1. Schmoller, p. 68. Schurtz (examples), p. 117. Leschin, p. 138. Sur les monnaies de commerce ayant circulé en Russie, jusqu'au commencement du xixe siècle, cf. Heyd, I, p. 57 et suiv. Leschin, p. 54. Shaw, p. 359. Peez et Raudnitz, p. 15, n. 3.

2. Leschin, p. 240 (avec de nombreux exemples).

3. Cf. Schurtz, *Afr. Gewerbe*, p. 115 et suiv., 140. Maunier, p. 580. Cf. Bücher, p. 78 et suiv. Schmoller, p. 19. Pour le moyen âge, cf. Schaube, p. 114.

encore, le cas en Turquie, où M. Grunzel pouvait constater[1] un agio de 2 à 2 1/2 % du cuivre contre l'or et de 9 à 10 % contre l'argent. C'est dans cet ordre d'idées que nous devons placer les cas où, faute de sous-multiples, le thaler de Marie-Thérèse fut coupé en plusieurs parties, ce qui est arrivé par exemple en Abyssinie et sur la côte[2]. Mais dans ces mêmes régions, le thaler qui a été percé pour en faire une parure, n'est accepté que de mauvais gré et avec une moins-value[3]. « Les Abyssins et les Gallas, qui se servent du thaler comme monnaie, ne l'emploient pas à ma connaissance comme parure », nous dit M. Cohen. « Je ne me rappelle pas en avoir constaté d'exemple même isolé[4]. »

Une nouvelle preuve que la diffusion de cette monnaie n'est pas due en première ligne aux besoins économiques de sa clientèle, est donc que les demi-thalers et les quarts de thaler, frappés également à Vienne, n'ont jamais pu arriver à un rôle, si peu important soit-il, dans le négoce des monnaies levantines[5], et cela malgré leur circulation passagère au Yémen (xviiie siècle), en Abyssinie (xviiie siècle) et à Zanzibar (milieu du xixe siècle)[6].

---

1. *Op. cit.*, p. 265.
2. Cf. PEEZ et RAUDNITZ, p. 102, 141 (Abyssinie), p. 104 (Souakin). Pour le moyen âge, cf. LUSCHIN, p. 139 et suiv.; HEYD, I, p. 57 et suiv.
3. Cf. PEEZ et RAUDNITZ, p. 130 (Abyssinie), 109, n. 1 (Zanzibar).
4. *Lettre particulière* de M. Marcel COHEN.
5. PEEZ et RAUDNITZ, p. 141.
6. *Ib.*, p. 93, 102, 108 n. 1. Sur le billon frappé pour les besoins de ces pays, cf. les « *Rapports au Min. des Fin.* ». L'Abyssinie, à elle seule, a fait

Cette phase de l'histoire monétaire est ensuite caractérisée par ce fait que des monnayeurs, instruits aux ateliers monétaires des peuples avancés, se mettent à exercer leur métier parmi les Barbares[1]. C'est un fait des plus remarquables que la monnaie d'importation ne conserve son bon aloi[2] que tant qu'elle demeure monnaie de commerce, et qu'elle le perd bientôt quand on veut en faire une pièce monétaire indigène[3]. Le thaler de Marie-Thérèse, lui aussi, a déjà pu faire cette expérience[4]. Mais loin de nous décourager, une pareille solution du problème de notre thaler paraîtrait confirmer les idées émises plus haut.

Une fois dans le rouage économique, cette monnaie, jusqu'alors objet d'un culte, descendrait de son piédestal pour ne dépendre, dans son nouvel emploi, que de la crédulité du public, du crédit accordé à l'autorité qui la frappe[5]. De social, le point de vue de ce jugement devient politique. Ainsi, par exemple, après la mort de chaque empereur de Fez et du Maroc, la monnaie diminuait immédiatement de valeur, quand cette valeur n'était pas maintenue par le successeur au trône[6].

De nos jours aussi, plusieurs États ont aban-

---

frapper à Paris plus de 16 millions de 1/20 de son Thalari à l'effigie de Ménélik (*Lettre particulière* de l'Administration de la Monnaie de Paris. Voy. notre *Appendice II*).

1. ENGEL et SERRURE, I, p. 15, 91. BABELON, I, p. 871.

2. Cf. LUSCHIN, p. 232, 239.

3. *Ib.*, p. 169 et, avec de nombreux exemples, p. 240.

4. PEEZ et RAUDNITZ, p. 17, 18 (Turquie), p. 20 n. 1, p. 29 (Egypte).

5. Cf. TARDE, I, p. 378.

6. *Rapport de 1782* du consul danois CLASEN, mentionné par PEEZ et RAUDNITZ, p. 29, n. 1. Cf. la *Théorie* de M. KNAPP.

donné le système des monnaies de commerce : la
Turquie[1], le Maroc, l'Abyssinie. Là, l'Europe est
entrée en action, par son savoir et sa technique.
Les entreprises économiques y sont dirigées par
des Européens. La frappe des monnaies est effec-
tuée dans des ateliers européens[2] ou du moins par
des machines d'invention et de construction européennes. C'est après tout un rôle secondaire, en
attendant la grande influence économique que
l'Europe a à espérer sur des pays qui sont en train
d'évoluer vers la *Geldwirtschaft*[3]. Mais cette évolution touche de trop près à des intérêts d'ordre
social, national et politique, pour qu'il soit pru-
dent de trop l'accélérer par des moyens artificiels
et peut-être prématurés. Ces moyens, si on les
appliquait dans les colonies de l'Afrique orientale
et centrale, dont nous avons précisé l'ethnographie, risqueraient facilement de produire le contraire de ce qu'on se propose en matière économique et politique.

La Turquie, elle aussi, après des tentatives de
prohibition contre le thaler de Marie-Thérèse, a
pris, dans le Yémen, le parti de laisser, ou plutôt
de conférer à l'Imâm le droit de frapper des monnaies nationales[4]. Cela a été la seule condition

---

1. Sur les méthodes d'échange et de paiements tout à fait moyenâ-
geuses qui, au commencement de ce siècle encore, régnaient en Turquie,
voy. GRUNZEL, p. 123, 150, 264, 265, 267.

2. Cf. les *Rapports au Ministre des Finances*.

3. Cf. par ex. sur les progrès du commerce français en Abyssinie,
MAUNIER, p. 789.

4. *Lettre particulière* de M. MUSIL.

sous laquelle le Yémen abandonna le thaler autrichien et les autres monnaies de commerce qui y circulaient.

*
* *

Le thaler de Marie-Thérèse ayant les causes de son succès dans un ordre d'idées incompatible avec la définition économique de la monnaie, il ne peut pas être question de le remplacer purement et simplement par une autre pièce. L'Allemagne, l'Angleterre, l'Egypte, la France, l'Italie, la Turquie, toutes les puissances qui régnaient ou qui règnent sur des pays faisant partie du territoire de circulation de cette monnaie, l'ont tenté et ont essuyé un échec. Les bases d'appréciation extra-économique du thaler se trouvent ancrées dans la vie religieuse, sociale, politique de l'Arabe bédouin. L'organisation économique de cette société, qui n'est qu'une dépendance de sa constitution socio-politique, rend illusoire tout essai de réforme qui ne commencerait pas par changer l'organisation sociale entière. — Nous savons dans quelle mesure le thaler lui-même collabore à cette tâche de miner le fondement de sa position privilégiée.

Tel est son rôle éducateur qui, bien rempli, finira par lui ôter sa raison d'être. « *Sic vos non vobis* ».

APPENDICE

—

I

Statistique de la frappe du thaler de Marie-Thérèse.

Les chiffres qui vont suivre sont empruntés aux indications données par les *Mitteilungen* (III, p. 540, n. 1, 561 à 567) et reproduites par MM. Pecz et Raudnitz (p. 44, 81 à 85). Pour l'époque qui s'étend de 1899 à 1912, la Monnaie I. R. de Vienne a bien voulu nous donner les renseignements relatifs à ce sujet.

Ce n'est toutefois qu'à partir de 1820 que la statistique nous fournit des données plus précises. De 1767 à 1784 et de 1804 à 1819, les données sont rares ; pour les autres années avant 1820, elles sont incomplètes, car elles ne nous font connaître que le nombre de thalers frappés par une partie seulement des Hôtels de Monnaie existant à cette époque. La statistique de la frappe à partir de l'année 1857 est publiée par Haupt (*op. cit.*), et, d'une façon suivie, par l'*Œst. Statist. Handbuch,* Wien 1882 et suiv., et dans les *Rapports au Minis-tre des Finances*, Paris 1902 et suiv.

1751......	583.250 pièces. (Vienne et Hall).		
1752......	1.077.018	—	—
1753......	1.730.189	—	—
1754......	1.221.919	—	—
1755......	1.283.161	—	—
1756......	1.357.765	—	—
1757......	1.360.597	—	—
1758......	928.854	—	—
1759......	982.561	—	—
1760......	1.646.279	—	—
1761......	1.453.597	—	—
1762......	1.544.477	—	—
1763......	1.825.318	—	—
1764......	2.190.834	—	(Hall).
1765......	5.091.055	—	(Vienne, Hall et Günzburg).
1766......	5.023.423	—	—

. . . .

1777-1781.	1.120.404 pièces. (Vienne).		
1781......	363.636	—	(Kremnitz).

. . . .

1785......	1.877.007 pièces. (Vienne, Günzburg, Kremnitz, Karlsburg).		
1786......	4.622.385	—	(Vienne, Günzburg, Kremnitz).
1787......	5.455.552	—	(Vienne, Günzburg, Karlsburg).
1788......	3.563.094	—	—	—
1789......	1.992.303	—	—	—
1790......	1.506.558	—	—	—

. . . .

1792......	317.100 pièces. (Günzburg).		
1793......	71.160	—	—
1794......	245.501	—	—
1795......	65.669	—	—
1796......	185.341	—	—
1797......	277.279	—	(Vienne, Günzburg, Karlsburg).
1798......	901.275	—	—	—
1799......	738.813	—	—	—
1800......	229.375	—	—	—

1801......	115.138 pièces.	(Vienne, Karlsburg).
1802	112.348 —	(Günzburg, Karlsburg).
1803......	7 089 —	(Karlsburg).

. . . .

1813......	941.556 pièces.	
1814......	159.912 —	
1815......	57.328 —	

. . . .

1817......	4.500 pièces.	

. . . .

1820	112.474 pièces.	(Milan, Venise).
1821......	264 293 —	—
1822......	494.799 —	—
1823......	436.196 —	—
1824......	239.214 —	(Venise).
1825......	270.832 —	—
1826......	180.845 —	—
1827......	231.424 —	(Vienne, Venise).
1828......	193.202 —	—
1829......	275.282 —	(Venise).
1830......	114.685 —	—
1831......	102.356 —	.
1832......	309 232 —	(Vienne, Milan, Venise).
1833......	887.568 —	—
1834......	474.131 —	—
1835......	307.114 —	—
1836......	479.553 —	(Vienne, Venise, Milan, Prague).
1837......	430 851 —	— —
1838......	140.071 —	(Vienne, Milan, Venise).
1839......	252.677 —	—
1840......	462.482 —	—
1841......	231.182 —	(Vienne, Milan, Venise, Prague).
1842......	246.672 —	— —
1843.	210.615 —	(Vienne, Milan, Venise).
1844......	135.905 —	—
1845......	119.240 —	—
1846......	95.022 —	(Milan, Venise).
1847......	214 607 —	(Vienne).
1848......	428.024 —	(Vienne, Milan, Venise).
1849......	176.408 —	—
1850......	122.563 —	—
1851......	126.998 —	(Vienne).

1852........   269.064 pièces. (Vienne, Milan, Venise).
1853........   564.816   —   —
1854........   824.194   —   —
1855........   895.703   —   —
1856 .....   1.482.252   —   —
1857[1]......   2.212.023   —   —
1858........   4.389.632   —   —
1859........   976.512   —   —
1860........   22.650   —   (Vienne).
1861. . . . .
1862........   45.390 pièces. (Vienne).
1863........   1.433.013   —   (Vienne, Venise).
1864.....   3.979.945   —   —
1865........   2.172.669   —   —
1866........   550.837   —   (A partir du mois d'août 1866, la frappe des thalers se fait exclusivement à la Monnaie I. R. de Vienne).

Année	Pièces		Année	Pièces	
1867....	1.493.780	pièces.	1889....	723.100	pièces.
1868....	3.491.700	—	1890....	468.050	—
1869....	16.000	—	1891....	166.200	—
1870....	92.870	—	1892....	3.056.400	—
1871....	10.900	—	1893....	3.470.100	—
1872....	111.100	—	1894....	2.697.600	—
1873....	345 673	—	1895....	2.301.100	—
1874....	2.479.066	—	1896....	6.455.600	—
1875....	3.312.153	—	1897....	5.440.700	—
1876....	5.054.842	—	1898....	188.300	
1877....	94.587	-	1899....	348.600	—
1878....	1 831.271	—	1900............................		
1879....	1.111.457	—	1901....	1.542.900	pièces.
1880....	66.873	—	1902....	7.172.000	—
1881....	160 461	—	1903....	4.410.900	—
1882....	81.998	—	1904....	449.900	—
1883....	308.334	—	1905....	285.000	—
1884....	1.477.862	—	1906....	924.900	—
1885....	1.386.891	—	1907....	2.470.500	—
1886....	301.619	—	1908....	3.228.100	—
1887....	1.503.876	—	1909....	6.054.100	—
1888....	1.111.800	—	1910....	6.514.100	—

1. En 1857, le thaler perdit sa force libératoire en Autriche.

1911.... 8.387.200 pièces, qui se répartissent ainsi :		1912.... 3.925.000 pièces, pour les huit premiers mois :	
— Janvier.....	541.100 p.	— Janvier.....	830.900 p.
— Février.....	450.100	— Février.....	829.600
— Mars.......	526.400	— Mars	674.200
— Avril.......	615.600	— Avril.......	504.500
— Mai.......	738.400	— Mai.......	444.000
— Juin.......	506.200	— Juin.......	28.000
— Juillet......	683.000	— Juillet......	388.300
— Août.......	814.900	— Août.....	225.500
— Septembre .	737.700		
— Octobre	905.700		
— Novembre..	915.200		
— Décembre ..	942.900		

II

Système et statistique monétaires de l'Éthiopie (Abyssinie).

Ces renseignements dus à l'obligeance de l'Administration des Monnaies et Médailles de Paris sont du plus grand intérêt pour notre sujet. Le thaler de Marie-Thérèse, après avoir été, durant près de 150 années, la monnaie courante des Abyssins, fut, en 1894, remplacé par le thalari du Négus et par ses sous-multiples. La statistique du monnayage de ces monnaies nouvelles nous permettra de voir quelle capacité de consommation des thalers autrichiens a pu avoir une des parties, économiquement les plus développées de leur territoire de circulation.

« ... La création des premières monnaies éthiopiennes à l'effigie de S. M. l'empereur Ménélik II est due à un acte de ce souverain du 9 janvier 1893. Ce document prévoyait la frappe de piéces de 1 thalari, 1/2, 1/4, 1/8 de thalari en argent, et de 1 guerche, 1/2 et 1/4 de guerche en cuivre... De ces monnaies il a été frappé de 1894 à 1896 :

1 thalari................	20.200	pièces.
1/2 thalari............	10.200	—
1/4 —	15.200	—
1/8 —	25.200	—
Guerche.............	200	—
1/2 —	200	—
1/4 —	200	—

« Par un nouvel acte daté du 3 novembre 1896, l'empereur Ménélik a supprimé les coupures suivantes : 1/8 thalari, 1 guerche, 1/2, 1/4 guerche en cuivre et créé la pièce de 1/20 de thalari (1 guerche) argent et celle de 1/100 de thalari en cuivre... De 1897 à 1911 inclus le montant des monnaies éthiopiennes s'établit ainsi :

1 thalari............	1.297.830	pièces.
1/2 thalari.........	300.100	—
1/4 —	921.351	—
1/20 —	16.652.857	—
1/100 —	500.000	— ... »

Le nombre des thalaris frappés depuis 1894, se répartit ainsi (Cf. *Rapports au Ministre des Finances*, 1905 et 1909) :

1894	....	20.000 pièces.
1895	....	
1896	....	200 pièces.
1897	....	417.550 --
1898	....	200.000 —
1899	....	201.000 —
1900	....	
1901	....	93.722 pièces.
1902	....	
1903	....	135.558 pièces.
1904	....	230.000 —
1905-1909	....	
1910-1911	....	20.000 pièces.

III

Le thaler Erythréen.

Par décrets royaux de 1890 et 1895, l'Italie dé-
cidait la frappe de thalers pour sa colonie érythréenne. Mais ces pièces ne purent pas supplanter le thaler de Marie-Thérèse. « Etant restées en
grand nombre dans les caisses du Trésor italien »,
leur refonte partielle a été prescrite déjà en 1898
(*Rapports*, 1907 et 1910. Cf. SHAW, p. 353).

Voici le nombre des pièces frappées de 1890 à
1896 :

1 thaler	....	395.999	(frappés en 1891 et en 1896)
4/10 thaler	....	1.750.000	(— 1890 et en 1896)
2/10 —	....	4.500.000	(— 1890, 1891 et 1896)
1/10 —	....	1.800.000	(— 1890 et en 1891)

IV

*Composition du thaler de Marie-Thérèse comparée
à celle de quelques autres pièces d'argent.*

	Titre	Poids	Diamètre
Thaler de Marie-Thérèse..	0.833 1/3	28 gr. 0668	40.5ᵐ
Thaler Ethiopien de 1894 à 1896...................	0.833 1/3	28 gr. 075	40ᵐ.
Thaler Ethiopien de 1897 à 1911...................	0.835	28 gr. 075	39ᵐ.
20 piastres d'Egypte.......	0.833 1/3	28 gr. 000	40ᵐ.
Thaler Erythréen..........	0.800	28 gr. 125	
5 couronnes d'Autriche-Hongrie	0.900	24 gr. 000	36ᵐ.
Ecu de l'Union Latine.....	0.900	25 gr. 000	37ᵐ.

Le titre du Colonnado était aussi de 0.900 environ, son poids légal variait entre 27 gr. 066 et 26 gr. 169.

Le degré de détériorabilité de l'alliage au titre de 0,833 1/3 est, selon les expériences, de 3 à 4 o/o plus petit qu'au titre de 0,900. Le déplacement moléculaire, cause habituelle de l'effacement des empreintes n'existe presque pas (KARMARSCH, p. 11). C'est pour cela qu'on a pu dire que le titre des *Conventionsthaler* était des meilleurs, pour unir à la résistance la plus grande, la beauté suffisante de la couleur et l'emploi le plus restreint du cuivre (Id., p. 10).

Vu :

Le Président du Jury de la Thèse,
Henri HAUSER.

Vu et permis d'imprimer :

Le Doyen de la Faculté des Lettres,
Jules LEGRAS.

Dijon, le 21 novembre 1912,

TABLE DES MATIÈRES

PREMIÈRE PARTIE

La constitution économique et politique de l'Autriche au XVIIIe siècle.

DEUXIÈME PARTIE

Propagation dans le Levant et sphère d'emploi du thaler de Marie-Thérèse.

CONCLUSION

APPENDICE

www.ingramcontent.com/pod-product-compliance
Ingram Content Group UK Ltd.
Pitfield, Milton Keynes, MK11 3LW, UK
UKHW020738120726
13693UKWH00001B/393